LEEN DENDIEVEL

SOMS IS OPGEVEN BETER

Wanneer volharden je welzijn in de weg staat

HORIZON

'You don't choose a life, you live one.'

—

The way

INHOUD

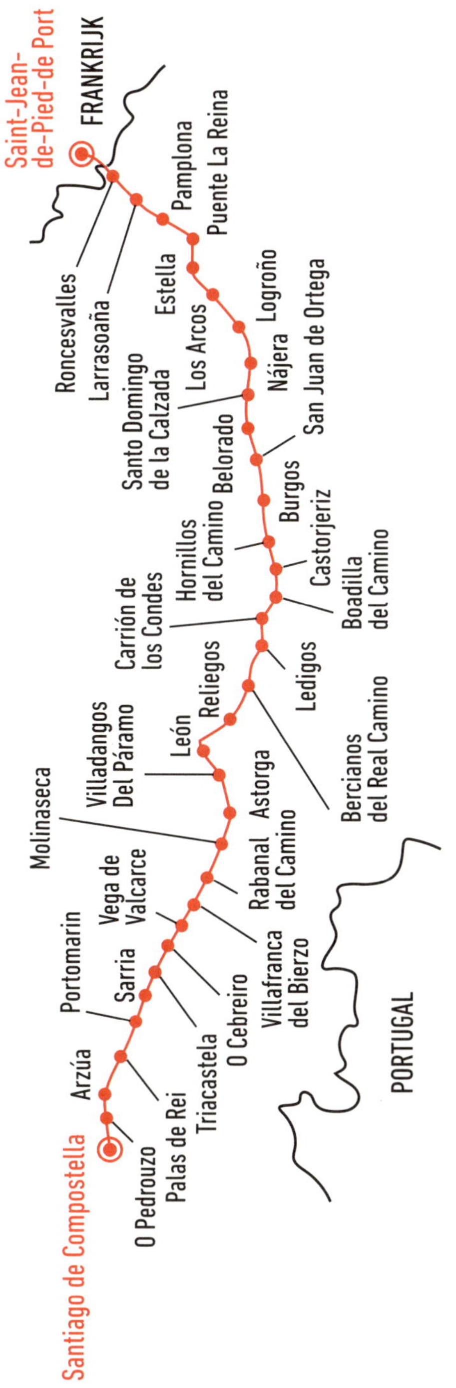
FRANKRIJK
Saint-Jean-de-Pied-de Port
Roncesvalles
Larrasoaña
Pamplona
Puente La Reina
Estella
Los Arcos
Logroño
Nájera
Santo Domingo de la Calzada
Belorado
San Juan de Ortega
Burgos
Hornillos del Camino
Castorjeriz
Boadilla del Camino
Carrión de los Condes
Ledigos
Bercianos del Real Camino
Reliegos
León
Villadangos Del Páramo
Astorga
Rabanal del Camino
Molinaseca
Vega de Valcarce
Villafranca del Bierzo
O Cebreiro
Triacastela
Sarria
Portomarin
Palas de Rei
Arzúa
O Pedrouzo
Santiago de Compostella
PORTUGAL

EINDE

Je leest het goed, ik begin bij het einde.
Ik ben op weg in een taxi naar de luchthaven. Ik voel me tijdens deze twee uur durende rit meer ontspannen dan op welk moment ook de voorbije week. Anders gezegd, ik voel me weer mezelf.
Als ik nu schone kleren aanhad, mijn gezicht wat meer in de plooi lag en mijn haar niet zou zijn samengebonden als een baal stro, was de puzzel compleet geweest.
Maar ik heb amper geslapen, omdat de man die bij me op de kamer sliep om de tien minuten uit het stapelbed klom om zijn blaas te ledigen.
Daarbij voelde ik bij het woelen voortdurend de koude rits van mijn slaapzak tegen mijn huid.
'Kijk,' zegt de taxichauffeur, 'de Camino.' Hij weet niet dat ik dat pad maar al te goed ken en in plaats van op deze achterbank te zitten mijn dagelijkse stappen aan het zetten zou moeten zijn op die route.

EINDE

De Camino Francès, van Saint-Jean Pied de Port naar Santiago de Compostella: dertig etappes, dertig dagen en 784 kilometer. Vijf etappes, zes dagen en 122,4 kilometer heb ik op de Camino, oftewel de pelgrimsroute, gewandeld. Je leest het goed. Deze pelgrim heeft de kathedraal van Compostella niet gezien.
Wel Villamayor de Monjardín en straks Bilbao Airport. In een legging, wandelschoenen, een vissersvestje, houthakkershemd en met wandelstokken. Mijn garderobe voor deze week bleek een uitstekende keuze. De Camino bewandelen daarentegen niet. Dus ik stopte. Ik besloot niet verder te gaan. Ik veranderde van mening. Ik keerde terug op mijn 171.355 stappen.

Ik gaf op.

8

OPGEVEN

OPGEVEN

Iedereen kent wel iemand die uit een langdurige relatie of een huwelijk is gestapt, besloten heeft een vaste baan aan de kant te schuiven, een eigen bedrijf te beginnen of een wereldreis te maken. Een student die verandert van studierichting of de universiteit of hogeschool verlaat om te gaan werken, een collega die gestopt is met roken na jarenlange afhankelijkheid, een artiest die zijn passie inruilt voor een stabielere baan, een vriend die besluit die chemokuur toch niet aan te gaan en voor een kort maar vol leven of voor euthanasie kiest. Misschien ben je zelf al eens gestopt met een hobby omdat het toch niks voor jou bleek. En wie gooit zijn jaarlijkse voornemens zoals een dieet of fitnessprogramma eens niet in de prullenmand omdat ze moeilijk vol te houden zijn?
Meer en meer mensen besluiten te stoppen met drinken, verwijderen sociale media om hun mentale gezondheid te verbeteren of verkopen hun dure sportmateriaal omdat hun hobby hen toch niet zo vervult. Ook verlaten mensen een religieuze gemeenschap of veranderen ze van politieke overtuiging om hetzelfde pad als dat van hun ware liefde te volgen. Wie weet was het nooit je plan om de stad in te ruilen voor het platteland, maar verlang je nu naar een rustiger leven. Ben je na het horen van een ander verhaal toch van mening veranderd. Werd een project je te groot of was het niet goed genoeg en besloot je het niet

af te maken en stof te laten vangen in een kast. Zoals de Nederlandse auteur Lukas Rijneveld, die besloot om zijn in de zomer van 2024 aangekondigde nieuwe roman, *Het verdriet van Sigi F.*, niet af te maken omdat er een ander boek kwam aanwaaien. Of heb je er jezelf nooit op betrapt dat je ooit 'nooit' hebt gezegd en die principes ondertussen al overboord hebt gegooid? Misschien wilde je nooit kinderen en heb je er nu drie. Of dacht je nooit terug te keren naar je werk of naar je partner na bedrog, maar lijkt het op een ander tijdstip opnieuw aanlokkelijk. Met andere woorden, misschien ben jij of ken jij iemand die ooit eens iets heeft opgegeven. Iemand die voor een keuze stond waarvan hij dacht die nooit te hoeven maken. Je weet pas of je gaat opgeven als je ervoor staat. En niemand hoeft zich daarvoor te verantwoorden. Het is je volste recht om ergens op terug te komen.

Luister maar naar Gwendolyn Rutten (Open Vld), die heel wat kritiek kreeg voor haar beslissing om vroegtijdig te stoppen als Vlaams minister om weer burgemeester van Aarschot te worden terwijl ze maanden ervoor de post van minister zo najoeg. Jongliberalen bestempelden haar 'opgeven' als 'jobhoppen'. 'Maar,' zegt ze, 'als mijn werk klaar is, wat verwacht men dan? Wanneer ik een beslissing neem, neem ik die voor de volle honderd procent. Het is een mooi mandaat en ik ben daar heel dankbaar voor, maar je moet eerlijk durven zijn wanneer het afgelopen is. Iedereen heeft het recht om daar zijn of haar mening over te vormen. Alleen wil ik aan het einde van de dag in de spiegel kunnen kijken en weten dat wat ik doe juist is. Dat is het belangrijkst.'

Opgeven heeft vaak een negatieve bijklank en wordt als 'hopeloos' bestempeld. Dat ligt niet alleen aan het feit dat Van Dale dat ook letterlijk zegt: 'Hopeloos verklaren; niet meer kunnen; niet meer meedoen: de moed opgeven; ik geef het op', maar ook omdat er echt mensen zijn die opgeven uit gewoonte en niks afmaken. Zij geven op wanneer omstandigheden moeilijk worden of wanneer de situatie meer vraagt dan ze hadden verwacht. Ze leggen de reden van opgeven bij een ander. Er zijn mensen die manipuleren door te dreigen met opgeven. En dan zijn er ook die het ontbreekt aan moed om op te geven en het makkelijker vinden om gewoon te verdwijnen. Hoewel zij niet opgeven, gaat er een loze belofte mee gepaard waarvan de nasmaak wrang is. Er zijn ook mensen die te laat opgeven, het te ver hebben laten komen en te lang te maken hebben gehad met stress, frustratie en sterke emoties voordat ze durven op te geven. En mensen die stoppen voordat ze een prestatie moeten leveren, omdat er kans is op falen. Mensen die de benen nemen wanneer het allemaal te lang duurt of te saai wordt. En mensen die stiekem opgeven, die verdergaan alsof ze volharden, maar er intussen vanonder muizen.

Door dat alles wordt opgeven in een negatief daglicht gesteld en is het voor velen een van de ergste dingen waarvan je iemand kunt beschuldigen. Omdat opgeven een zwakte lijkt. Alsof je geen karakter hebt om vol te houden, niet in staat bent om door te zetten, je zwak bent wanneer er problemen opduiken en je de moed opgeeft.

Maar in vele gevallen is opgeven niet 'de moed opgeven'. Het vraagt juist moed om te zeggen: 'Het is klaar, het is niks voor mij, ik gooi het roer om, ik neem een andere beslissing, ik stop ermee.' Om de mensen in de ogen te kijken en te zeggen: 'Ik doe dit niet meer.' Het vraagt moed om op te geven wat moet, wat verondersteld wordt, verwacht wordt.

Want wat als je niet meer blij bent met de keuze die je hebt gemaakt? Niet omdat je het niet meer kunt, maar omdat het niet meer strookt met je behoeften of omdat je er gewoonweg ongelukkig van wordt. Dat opgeven altijd een optie is, vergeten we vaak.

Mensen vinden opgeven enkel verstandig als het gaat om het opgeven van een slechte gewoonte. Laten we even nadenken waarom stoppen met roken wel wordt aangemoedigd en stoppen met iets waar je ongelukkig van wordt of waar je fysiek of psychisch aan onderdoor gaat niet. Of het nu gaat over een wandelreis, een huwelijk, een studie of een baan. Want stel je maar even voor dat je in een huwelijk zit waarin je fysiek of psychisch wordt mishandeld, moet je dan in dat huwelijk blijven omdat je de belofte hebt gemaakt dat het voor eeuwig zou zijn? Mensen die alcohol afzweren wanneer er ogenschijnlijk geen probleem is, worden vreemd bekeken. Ze worden zelfs aangespoord om er 'eentje' te drinken. Of alleen in het weekend. Er wordt onderhandeld, gerekend en aangemoedigd om te volharden in het consumeren. Om niet uit de boot te vallen, om gezellig mee te doen. Professor Martine Groefsema ging samen met haar collega's van de Radboud Universiteit in Nijmegen na waarom we bij die 'onderhandeling' snel overstag gaan. En dat onderzocht ze door een aantal proefpersonen samen het glas te laten heffen. Een van hen was een acteur die de opdracht kreeg om, wisselend per proefpersoon, een of drie glazen te drinken en daarbij niet aan te moedigen maar gewoon de vraag te stellen: 'Ik neem een biertje, wat wil jij?' De meeste deelnemers dronken, zonder zich daarvan bewust te zijn, evenveel als de acteur. In eerste instantie wilde Groefsema uitzoeken of de reactie in de hersenen op plaatjes van alcohol zich vertaalde in meer drinken, wat uiteindelijk niet zo bleek te zijn. Ze stootte daarentegen door de proef met de acteur op een andere besluitvorming: imitatiegedrag. Mensen gaan onbewust het drinkgedrag van de ander kopiëren. Waarom mensen anderen willen overhalen om mee te drinken, heeft ze niet onderzocht, maar ze kon zich indenken dat het niet zo snel kunnen aanvaarden van het opgeven van alcohol mogelijk te verklaren is door de gewenning om elkaar te imiteren. Want dat gedrag verwachten we dan ook van anderen. Het wordt moeilijk aanvaard dat opgeven af en toe mag en zelfs moet.

De angst voor wat anderen zullen denken, houdt ons ook vaak tegen. Of er zijn mensen die ons letterlijk tegenhouden om een verandering door te maken. Maar misschien zouden zij zélf die durf, die moed om ergens uit te stappen willen hebben. Daarbij denk ik aan het verhaal van de krabbenmand.
Het verhaal gaat zo: wanneer één krab uit de mand probeert te ontsnappen, zullen de andere krabben haar vaak terug in de mand trekken. Individueel zouden ze misschien kunnen ontsnappen, maar als groep verhinderen ze elkaar om te slagen, of in dit geval op te geven. 'De krabbenmand' wordt meestal aangehaald wanneer vrouwen elkaar klein trachten te houden. Maar ik trek het even door naar de maatschappij of de omgeving: het

terugtrekken in de mand wordt gezien als een analogie voor menselijke interacties waarbij mensen elkaar niet toestaan om te slagen of te veranderen, uit jaloezie, angst of concurrentie.

Is onderzoeken wat er buiten de mand ligt dan zo slecht? Wil de krab andere krabben de rug toekeren en impulsief verdwijnen? Misschien niet. Misschien is de mand der volharding te vol voor de ontsnappende krab, en kiest ze opnieuw. Kiest ze na lang tobben, volharden en afwegen voor haar eigen geluk.

Er bestaat namelijk zoiets als *weloverwogen opgeven*: opgeven wanneer je voelt dat wat je doet niet meer strookt met je verwachtingen. Opgeven wanneer je voldoende hebt nagedacht, afgewogen en jouw geluk voorop hebt geplaatst. Waarbij doelen en mogelijkheden worden gesteld die overeenstemmen met je nieuwe behoeften, los van wat anderen denken en van wat er verwacht wordt door de maatschappij.

Alleen krijgen we die verhalen van dat weloverwogen opgeven amper te horen. Te vaak lezen we *'you're a winner if you never give up'*. Wat we te zien krijgen, zijn succesverhalen, waarin de eindmeet behaald is na volharding. Het veronderstelt dat opgeven je die successen niet zal bezorgen. Terwijl opgeven je juist wel ruimte, kracht en succes kan bieden. Kijk maar naar de Amerikaanse gymnaste

Simone Biles, die zich tijdens de Olympische Spelen van Tokio in 2021 terugtrok vanwege mentale gezondheidsproblemen. Hoewel haar beslissing aanvankelijk controversieel was, ontving ze veel lof voor haar moed om haar welzijn voorop te stellen en dus op te geven. Haar beslissing bood haar ruimte en tijd. En bij haar terugkeer op de Spelen van Parijs in 2024 toonde ze haar (veer)kracht en bevestigde ze haar status als een van de grootste turnsters aller tijden. Of heb je atlete Kristen Faulkner opgemerkt? Twee jaar geleden waagde ze zich aan het onbekende door een goedbetaalde baan in de financiële sector op te geven om professioneel atlete te worden. Ze kwam op de Spelen van 2024 zelfs twee keer als eerste over de meet.

Kijk eens aan, soms is opgeven beter.
Hier is het zelfs goud.

'Laat dromen niet ondersneeuwen door wat verwacht wordt.'

—

Anniek Gavriilakis

Weekend Knack

HET OPGEVEN VAN EEN PRINCIPE

Kristof, 51 jaar

Als kind kon ik me helemaal vinden in het nummer 'Een vrijgezel' van Benny Neyman. Het label 'vrijgezel', met andere woorden 'vrij zijn', eigende ik mezelf toe. Tot ik mijn huidige vriendin leerde kennen. Zij was degene bij wie ik verwantschap, interesse en een intellectuele uitdaging vond. Ik wilde haar niet kwijt en daarvoor moest ik mijn idee van een 'vrijgezellenbestaan' opgeven. Maar op haar kinderwens was ik niet voorbereid. Ik was er zeker van dat ik geen kinderen wou. Als er iets niet hoorde bij 'vrij' zijn, waren het de schooluren op mijn klok. Ik wilde mijn eigen pad bewandelen en me niet laten meetrekken op een platgetreden pad van bijna heel de bevolking. Maar volharden in het 'vrije' idee was geen optie, want hoewel het bij ons niet zo werd uitgesproken, was het wel een breekpunt in haar vorige relatie.

Gelukkig ging het denkproces niet van de ene op de andere dag. Het begon met de kinderwens van mijn partner en werd gevoed door gebeurtenissen in mijn omgeving. Ik zag een vader met zijn kind omgaan op de manier waarop ik dat zou willen doen. Intussen voerde ik een gevecht met mijn eigen wil, want ik wilde nog altijd geen kinderen. Dat langzame proces duurde tot ik

vader werd van twee kinderen. Het veranderde echt alles. Je weet iets zeker, je bent er rotsvast van overtuigd en dan ineens komt er iemand met een sluitende tegenargumentatie.
Daarom herevalueer ik in de loop der jaren voortdurend mijn beslissingen en kijk ik heel bewust waar ik sta. Of het nu gaat over kinderen of over een baan. Ik stel de vraag: 'Wat vind ik hier nu van? Wat wil ik in het leven? Wil ik dit, of past het niet meer bij wie ik ben?'

Mensen veranderen voortdurend en zouden er niet om moeten malen dat het niet overeenstemt met een principe waar ze vroeger aan vasthielden of wat ze ooit gezegd hebben.
Ik kreeg de vraag: 'Ik dacht dat jij geen kinderen wilde?' Maar wat anderen erover denken of verwachten, doet er niet toe. Het gros van de mensen is vooral met zichzelf bezig. Helaas wordt opgeven ook als opportunisme beschouwd wanneer het iemand goed uitkomt.
Wat een armzalige gedachte zou het zijn als de persoon die vroeger een idee of een droom had, dezelfde persoon zou blijven. Een mens krijgt zoveel input. Hoe jammer zou het zijn als we met die input niks zouden doen in ons leven.
Ik ben fan van het veranderen van mening. Voor mij is dat klaarkomen met mijn verstand. Ik zeg niet dat het altijd gemakkelijk is. Maar het is wel slim.

Ik volhard nog steeds in de zoektocht naar de vrijgezel in mij. Tot vandaag blijf ik alles in vraag stellen en toets ik bij mezelf af of ik dat pad had moeten opgeven. Ik kan niet, zoals Benny Neyman zingt, pas gaan slapen wanneer ik alle sterren heb gezien. Kinderen nemen je agenda over. De vraag 'wat als?' blijft rijzen: hoe had mijn leven eruitgezien zonder kinderen? Net zoals de vraag of ik dit daadwerkelijk wilde, en wat ik gedaan

zou hebben als ik de vaderrol niet op mij had genomen.
Natuurlijk kan en wil ik mijn kinderen niet meer afgeven. Ik hou oneindig veel van hen. Er kwam een soort emotionele laag op mijn huid, waar ik niks van snap. Een boeiende situatie, waarbij ik geconfronteerd word met de vraag 'waarom vond ik het moeilijk om dat "vrije bestaan" op te geven?', want het pad dat ik wilde bewandelen, het avontuurlijke vrijgezellenpad, ligt evenwijdig aan mijn pad nu, waar ook avontuur te beleven valt. Het avontuur is wat mijn kinderen me bieden en de ervaringen die ik sindsdien in mijn rugzak kan stoppen. Het andere pad zou me niks extra's hebben geboden. En ook al stel ik mijn beslissing – net zoals alle beslissingen in mijn leven – elke dag in vraag, ik ben wel blij met de uitkomst.
Was het idee opgeven om kindervrij te blijven beter? Dat zal ik nooit weten. Het is in elk geval goed gebleken!

'Zodra we de geschiedenis beschouwen en/of de meningen van andere mensen onder de loep nemen, doen we een ontdekking die tegelijk betreurenswaardig en bevrijdend is. De ideeën van het grootste deel van de bevolking over de meeste zaken zijn een aaneenschakeling van vergissingen en misvattingen.'

—

Arthur Schopenhauer

De wereld als wil en voorstelling

SCHAAMTE

Antwerpen

Ik ben thuis. Mijn kat staat te janken aan de deur. Ze wil naar buiten. Ik sta op en laat haar gaan. Twee seconden later staat ze met haar vragende ogen aan de andere kant van de deur. Ze wil weer naar binnen. Ze heeft zich bedacht. Ik open wederom de deur. Ik vraag mijn kat niet waarom. Ik vraag haar ook niet of ze wel alles heeft onderzocht aan die andere kant, ze hoeft zich niet te schamen voor haar terugkeer en ik ben ook niet teleurgesteld in haar. Waarom ben ik dan zo teleurgesteld in mezelf?

Wanneer we een doel opgeven, zullen mensen vragen of we wel 'geprobeerd' hebben. Dat wordt geapprecieerd en zal ervoor zorgen dat schaamte en schuldgevoel minder zwaar aanvoelen. Maar stel je voor dat je op die vraag 'nee' zou antwoorden. Dat je bij een scheiding vertelt dat jullie niet in therapie zijn gegaan. Zie de teleurstelling, verbazing of verraste blik bij de mensen. Het meest gesmaakte antwoord is dus: 'Ja, ik heb het onderste uit de kan gehaald.'

Ik ben van nature iemand die de dingen pas uitspreekt als ik zelf alle puzzelstukken heb kunnen leggen. Daarom is het vaak een donderslag bij heldere hemel wanneer ik vertel ergens uit te stappen of iets op te geven. Mijn buik geeft in eerste instantie iets aan en ik denk rationeel na over wat de uitkomst van elke beslissing zou kunnen zijn. Zo anticipeer ik op wat de gevolgen ook mogen zijn. Uiteindelijk beslis ik alsnog met mijn buikgevoel. Het is altijd weloverwogen.

Is na een week stoppen met stappen een weloverwogen beslissing, hoor ik je denken. Ja, ik heb wel degelijk nagedacht, overwogen, afgewogen, geprobeerd, doorvoeld en het nog eens geprobeerd. Die week van proberen voelde bij mij aan als drie weken. Ik werd losgetrokken van alle verplichtingen die het leven met zich meebrengt en ik nam alle ruimte om na te denken en te doorvoelen. Dat opgeven of stopzetten voelt helemaal niet impulsief of hopeloos. Wel voel ik me machteloos over wat gaat komen en vraag ik me af wat anderen zullen zeggen.
Het voelt alsof ik gefaald heb. Meer nog, over mijn gebrek aan volharding hangt een enorme schaamte. Ik voel me schuldig tegenover de mensen die me een fijne reis hebben gewenst of die dat nog doen, want ik heb nog niet iedereen op de hoogte gebracht. Men denkt dat ik weg ben, terwijl ik eigenlijk al thuis ben.
Een emotionele druk, een cultureel schuldgevoel neemt de overhand. Ik heb het gevoel dat ik het terugkeren moet

rechtvaardigen voor mezelf en voor anderen. Daarom stuurde ik vanaf de luchthaven een bericht naar een klein groepje dierbaren.

'Niet verwacht voor ik vertrok, maar ik ben op weg naar huis.
Ik had twintig jaar geleden een plan dat nu niet zo'n goed idee meer blijkt te zijn. Het was geen slechte ervaring, het is gewoon een ervaring die ik niet verder hoef te zetten. Ik vond het niet leuk. Ik genoot niet. Dat kan niet de bedoeling zijn van de Camino. Ik was wijs genoeg om te beginnen, ik ben wijs genoeg om te weten wanneer het genoeg is.
Mensen blijven toch ook niet in een relatie waar ze zich niet goed in voelen? Daarom maak ik het uit met de Camino en ga ik naar de liefde van mijn leven.
Ik zal nooit spijt hebben dat ik Santiago de Compostella niet heb gezien, dat was sowieso niet mijn doel. Mijn bedoeling was in stilte wandelen en even weg zijn van alles. Ik zal geen spijt hebben dat ik het geprobeerd heb, want ik heb het gedaan. Alleen, op mijn eigen manier, zoals ik alles al heb gedaan in mijn leven en zal blijven doen.

~~Buen~~ Bye Camino'

HET OPGEVEN VAN EEN APPARTEMENT

Barbara, 40 jaar

Bij het bezichtigen van een appartement waren we meteen verliefd. Op weg naar onze auto besloten we dan ook direct de makelaar te bellen en een bod te doen. Zo deden we een impulsieve aankoop en lokte ik mijn lief mee naar de stad. Hij had zijn geboortedorp verlaten om te gaan samenwonen en daar lag ik wakker van. Ik staarde naar de gekochte boekenkasten waar we de boeken netjes in hadden uitgeladen en bedacht hoe we ze opnieuw in dozen zouden stoppen. We hadden een verkeerde keuze gemaakt. Zo blij als we waren toen we het kochten, zo duidelijk wilden we er niet meer wonen. Te klein, onpraktisch. Geen goed idee meer.

Ons appartement werd twee maanden later verkocht aan een creatieve vrijgezel die wel midden in de stad wilde wonen en voor wie het perfect was. Wat voor ons niet goed voelde, was voor een ander de ideale keuze. Alleen, hoe zouden we dat vertellen aan anderen? Aan hen die ons nog niet zo lang geleden hielpen verhuizen? Er komt schaamte bij kijken. Je schreeuwt het van de daken, je bent zeker van je zaak en dan ineens verander je van mening.

Zullen ze lachen? Zullen ze het wel begrijpen? Met een klein hart vertelden we onze omgeving dat we een nieuw huis hadden gekocht en dat ze ons niet moesten komen helpen verhuizen. Uit schuldgevoel. Zo goed als alles zat nog in dozen en we wilden met onze 'foute' keuze niemand lastigvallen. Er werd in eerste instantie wat ongemakkelijk gelachen en verbaasd gekeken, maar er was snel begrip. En toch voelde ik schaamte. Want een appartement kopen is niet zoiets als te dunne pasta voor macaroni. Ik moest mijn hart even luchten bij een vriendin en kreeg haar eigen geruststellende verhaal te horen: 'Toen wij op de avond van de verhuizing onze obligate frieten zaten te dopen in de welgekozen saus, keken we elkaar aan en wisten we: nee, hier blijven we niet wonen. Dus een paar maanden valt heus wel mee.'

Uiteindelijk heeft deze beslissing ons naar een groter huis op een rustige plek gebracht. Soms moet je springen om te weten dat de vleugels die je op je rug draagt er niet voor gemaakt zijn. Opgeven heeft ons naar iets beters geleid.

'Dat alleen in de beleving van het moment het geluk ligt is, theoretisch en op de filosofische spreukenkalender, een wijdopen deur. Toch blijft, in de praktijk, geen deur zo hermetisch gesloten als juist deze.
Hoe meer we erop gebrand zijn iets van het leven te maken, des te grondiger vergeten we dat we aan het leven zijn.
We weten dat we geluk door onze vingers laten glippen door veel te veel bij vroeger stil te staan of te verlangend, te onrustig naar de toekomst uit te zien. Door ons karig sneetje tevredenheid uit het verleden te herkauwen of door te hopen op het mooie dat ongetwijfeld in aantocht is, verkwisten we het enige moment dat ons de sensatie van de eeuwigheid zou kunnen schenken – het nu.
Altijd blijft het bij binnenkort. We lopen rusteloos achter het moment aan – als achter een worst die aan een door ons zelf vastgehouden staak voor onze neus bengelt. Al onze tijd gaat op aan tijdverlies.'

–

Gerrit Komrij

Humeuren en temperamenten

DOEL

Terwijl een peuter bij het maken van een tekening al beseft dat hij een taak moet volbrengen, plant een kleuter stilletjes wat hij wil tekenen in plaats van zomaar impulsief het potlood op het witte blad te laten glijden. In het begin kunnen kinderen de moeilijkheidsgraad van de meeste taken nog niet goed inschatten en niet aan één stuk door met een taak bezig zijn. Aan het einde van de kleutertijd komen ze tot taakrijpheid of anders gezegd: werkhouding, waardoor ze dus de wil hebben om iets tot een goed einde te brengen en een goed resultaat te verkrijgen.

Mensen zijn per definitie doelgericht. Alles heeft zin of een doel. Anders dan bij dieren, die volgens de Duits-Amerikaanse joodse filosofe Hannah Arendt geen doel of hoger streven hebben bij een bezigheid, schuilt er in ons mensen een ambitie om een wereld te maken waarin het goed wonen is. Alleen waren de doelen van vroeger eenvoudiger dan de doelen van vandaag. Toen ging het over overleven, voedsel en water zoeken, onderdak vinden, seks hebben en tot een groep behoren. Tegenwoordig hebben we voortdurend doelen waar we in meerdere of mindere mate belang aan hechten of aandacht aan besteden. Maar belangrijker is dat de doelen persoonlijke voldoening horen te geven. Het streven naar doelen dient om ons een betekenis te geven in dit leven.

Het heeft dus niet alleen te maken met de voortgang die we boeken of de resultaten die we ermee beogen, maar ook met de vraag of die doelen onze 'ik' weerspiegelen. Maken ze ons op dit moment gelukkig? Pas dan zijn we bereid er een inspanning voor te leveren en gaan we creatief handelen om ze te behalen. Omdat ze uit onze directe verlangens komen, uit een beeld dat we van onszelf hebben of graag zouden willen hebben. Ze zijn met andere woorden intrinsiek.
Dat is anders dan de doelen die van buitenaf worden aangevoerd: de extrinsieke doelen, waarvan andere mensen willen dat je ze nastreeft. Dat wil niet zeggen dat extrinsieke doelen slecht zijn of het nastreven ervan geen voldoening geeft. Nee, ze zijn gewoonweg geen voedsel voor de ziel.

Wanneer doelen vanuit ons binnenste komen en dus intrinsiek zijn, lukt het ons beter om ze te behalen. Maar het hangt ook van andere factoren af. Of ze tegenstrijdig zijn bijvoorbeeld. Onze doelen bestaan namelijk uit een mix van concrete en abstracte doelen die op korte of middellange termijn spelen. Maar niet alle doelen zijn gelijkwaardig en met elkaar te verenigen. Tegenstrijdige doelen doen je meer piekeren, minder handelen en uiteindelijk opgeven.

Een doel kan bijvoorbeeld zijn om je werk-privébalans te verbeteren. Aangezien het om een algemene verbetering van de levenskwaliteit gaat zonder specifieke, meetbare uitkomsten, is dat een abstract doel. Om dat te bereiken stel je het concrete doel voorop om je werktijd te verminderen tot 35 uur per week.

Daar zit de mogelijke tegenstrijdigheid. Het abstracte doel om de werk-privébalans te verbeteren staat namelijk in direct conflict met de concrete doelen zoals het behalen van een promotie of een deadline, die langere werktijden vereisen. Hierdoor wordt het lastig om beide doelen gelijktijdig te realiseren.

Daarbij kunnen twee mensen hetzelfde doel hebben, maar met een andere motivatie. Dat is de reden waarom het sommigen lukt om te stoppen met roken en anderen niet. De een stopt om te vermijden dat hij ziek wordt, een ander stopt om te kunnen sparen.

Schuilt er een belofte, gewenste toestand of nagestreefd resultaat in? Dan kan dat een motivatie zijn om dingen te ondernemen die tot de gewenste uitkomst leiden.

Iemand begint een relatie vanuit gedeelde interesses en aantrekking. Anderen beginnen een relatie om te vermijden dat ze alleen zullen blijven. Alleen zit de motivatie bij degene wiens doel ‘vermijden’ is fout en zal die eerder zijn doel niet behalen. Want misschien verstikt diegene zijn partner om zeker te blijven van de relatie en besluit de andere partij juist daarom de relatie op te geven. Gevolg: alleen zijn.

BEGIN

ANTWERPEN BERCHEM — BRUSSEL ZUID — PARIS NORD — PARIS MONTPARNASSE — BAYONNE — SAINT-JEAN-PIED-DE-PORT

Met een klein hartje zit ik in de trein naar Parijs.
Ik kan het niet geloven. Is dit echt?
Ik kijk rond en in mijn ooghoek zie ik een polsbandje met het symbool van de Camino aan een mannelijke arm. Zonder na te denken por ik hem: 'Ga je ook de Camino wandelen?' Ik kan me voor de kop slaan: verdorie, ben ik nu een van die mensen die meteen aan een ander gaan hangen? Ik haat afhankelijkheid.
Aangezien we ons moeten haasten om onze overstap naar Montparnasse te halen en we niet wisten dat we ook een metroticket in de TGV zelf hadden kunnen kopen, gaat hij al richting gangpad. Ik volg. Ik kom nog een wandelaar tegen, met metroticket. Van alleen zijn is geen sprake, maar dat laat ik me even welgevallen. Ik zal pas gerust zijn als ik in die volgende trein zit. In Paris Nord betaal ik het metroticket van mijn eerste Camino-maat, Peter. We halen de overstap en hij belooft me bij aankomst een koffie te betalen.

Oef, even drie uur niks. Nu kan de ontspannende reis beginnen. Ware het niet dat er meteen een andere Belgische wandelaar naast me komt zitten. De man geeft me ongevraagde raad. Zoals ik veel goedbedoelde raad heb gekregen om zonnecrème mee te nemen, goed schoeisel te kopen en te trainen. Ik trok mijn wenkbrauwen op en bedankte mijn entourage vriendelijk.
De man naast me heeft de weg al eens afgelegd en raadt me aan zeker op voorhand mijn slaapplaatsen te boeken. Ik antwoord hem dat mijn eerste drie overnachtingen zijn geboekt en dat ik daarna wel zal zien. Hij trekt zijn wenkbrauwen op en denkt er het zijne van.

Ook qua slaapplaatsen heb ik veel raadgevingen gekregen. Ik werd van de ene herberg naar het andere hostel gestuurd, tot booking.com en bushokjes toe. Iedereen heeft een verhaal, een veronderstelling en tips. Twijfel slaat toe. Ik moest de Camino toch gewoon ondergaan, zien wat komt, niks plannen, meegaan met het ritme en alles openlaten? Wie moet ik geloven? Ik heb geen idee wat me te wachten staat.

Ik krijg mijn gedachten niet geordend. Hoewel ik hiernaar heb uitgekeken en ik er heel erg behoefte aan heb, ben ik enorm zenuwachtig. Ik passeer een gebouw waarop in graffiti 'In your own time' gespoten staat en ik denk: *yes, sign of the time.* Ik doe dit alleen, heel stoer. Een maand zal ik weg zijn, weg van alles. Niemand kan me lastigvallen of updaten over zijn of haar leven. Ze zijn ervan op de hoogte, ik ben niet bereikbaar. Niet Santiago de Compostella, de eindmeet, is het doel van deze reis, maar het proces, de natuur, de wandeltocht, het even alleen zijn.

Ergens ben ik altijd iemand geweest met doelen. In de zin dat ik houd van structuur. Overzicht, keuzes, waar ik altijd naar terug kan grijpen, als een plan achter de hand. Dat houdt me overeind. Doelen zijn inspirerend en hoopvol. Intussen heb ik geleerd dat ik ze altijd met een omweg of in een andere vorm heb behaald of van mijn lijstje heb geschrapt wegens 'niet meer van toepassing'. Compostella schrapte ik nooit en stond al twintig jaar op de 'to doel'-lijst.

HET OPGEVEN VAN EEN BAAN

Annick, 39 jaar

Mijn lief en ik hadden de leiding over een paar horecazaken. Alles ging heel goed en we vonden het heerlijk werk. Tot er rondom ons plots jonge vijftigers begonnen te sterven. Daardoor rees de vraag: 'Wat als wij ook maar vijftig worden? Wat als dat het eindpunt is?' Wij gaan er als veertigers van uit dat we op de helft van ons leven zitten. Maar wat als dat niet zo is en we nog maar tien jaar op de teller hebben?

Ik wilde zo veel mogelijk tijd spenderen aan mensen die ik leuk vind en graag zie. Ik wilde iets waardevols doen. De zaken die we hadden uitgebouwd, waren zeker waardevol, alleen was er nog iets in mij wat niet vervuld raakte. Eén keer in de twee maanden hadden wij een meeting met ons personeel. Die ging nooit over onze zaken of cijfers, maar over hoe het hen verging en waar zij van droomden. Mensen wegwijs maken in het leven, daar haalde ik de meeste voldoening uit. Dat wilde ik dan ook doen. Hoe dat tot uiting zou komen, wist ik nog niet.

We hadden tot dan hard gewerkt en hadden onze portie geluk gehad. En hoewel met pensioen gaan of rentenieren geen mogelijkheid was, waren er wel wat middelen om de sprong te kunnen wagen. Daarom stelde ik mezelf de vraag: 'Wat als alles mogelijk is?'

Het kwam erop neer dat geen enkel antwoord gelinkt was aan onze zaak. We groeven allebei wat verder en vonden dingen die wij, zoals velen, diep vanbinnen allang wisten. Zo ontdekten we dat we ooit in het buitenland wilden wonen en nog veel van de wereld wilden zien. Ik vroeg mijn lief ook naar zijn tienjarige ik: waar werd die enthousiast van? Toen kwam er een passie bij hem naar boven waarvan hij nooit had gedacht dat die een optie was: schilderen. 'Mag dat? Kan dat?' vroeg hij. Het zou betekenen dat we helemaal opnieuw moesten beginnen. Maar in het kader van 'we hebben misschien nog maar tien jaar', konden we maar beter geen tijd spenderen aan spijt dat we het niet hadden geprobeerd. Twee jaar is zo voorbij, maar in tien jaar kan er veel gebeuren, opgebouwd en geleerd worden. We begonnen dus aan onze opties te denken. Dat klinkt natuurlijk allemaal gemakkelijk. Er waren zelfs mensen die ervan uitgingen dat wij dat konden omdat er een financiële back-up was. En dat was voor een deel ook zo, maar tegelijkertijd waren onze keuzes nooit gedreven door geld.

Ik voelde dat bij veel andere mensen geld wel een belangrijke factor was. Een reactie uit onze naaste omgeving was dat we verwend waren. Dat we alles hadden en er toch geen genoegen mee namen. Anderen waren dan weer bezorgd over de zekerheid die we zouden opgeven. We hadden een mooi leven voor onszelf georganiseerd en dat zouden we opgeven. 'Wat komt erna, gaat het lukken?' Zij vonden het al spannend voordat wij de spanning voelden. Want het is wel spannend, natuurlijk. De mooie inkomstenstroom waarop ons leven georganiseerd was, zetten we stop en er verdween zelfs alleen maar geld van die back-up. Dat is een risico. Maar wij zien de verandering als een investering in een nieuwe toekomst. Want het leven draait voor ons niet om geld, het draait om liefde: waar word ik warm van?

Een passie volgen en met mensen werken, daarvan waren we al zeker. Alleen stelden we ons de vraag of we dat wel leuk zouden vinden. Zou het niet beter een hobby blijven? Door die angst stelden we de beslissing uit.

Wat ons ook deed volharden, was ons personeel. Wij zagen hen als vrienden. Daardoor hebben we tal van ideeën onderzocht: onze zaken laten overnemen, verkopen. Opdat de buitenwereld niet zou denken dat we zomaar opgaven en ons best niet hadden gedaan. Maar het voelde intrinsiek niet meer goed en we hadden er alles uit gehaald wat erin zat. We hadden het nog tien jaar kunnen doen en wachten tot het vuur helemaal was uitgedoofd. Alleen had dat als uitmelken aangevoeld. Voor ons was het klaar, het was een beslissing. En dat moment voelden wij heel duidelijk aan. We keken elkaar in de ogen en er vloeide een traan van opluchting. Maar meteen erna zetten we vijf stappen terug in ons hoofd. We moesten het nog vertellen aan onze mensen, voor wie deze beslissing ook gevolgen had. Er overviel ons een schuldgevoel, een verantwoordelijkheidsgevoel, de vraag of we dat wel konden maken ten opzichte van ons personeel en onze omgeving, waardoor we weer andere opties gingen overwegen om bij het vertrouwde te blijven maar het anders te doen. Het was een heel moeilijke knoop om te ontwarren. We waren bezorgd en wilden niemand kwetsen. Helaas konden we dat niet vermijden. De waarom-vragen werden ons om de oren geslingerd. 'Het ging toch goed?' 'Zijn wij dan niet goed genoeg?' Alleen was het niet hun schuld en ging het niet over hen maar over ons. Ook dat voelde egoïstisch. Tegelijkertijd zagen wij al kansen waar zij nog geen weet van hadden: ze konden uitvliegen, hun vleugels spreiden. Onze onderneming heeft elk van ons groot gemaakt, maar we hielden onze zaak bewust klein, omdat wij wel leiders maar geen managers wilden zijn. Intussen zie ik hen zelf een

zaak uit de grond stampen, wat niet had gekund als ze bij ons waren gebleven.
En wij stelden ons bij elke stap de vraag: 'Is het angst voor de verandering of is het liefde voor de zaak? Gaan we onze zaak verkopen uit angst dat de mensen zullen denken dat we failliet zijn, of dat het niet gelukt is? Of doen we het uit liefde voor wat we hebben verwezenlijkt?' Het ging om angst en daarom was stoppen de beste beslissing. We verkochten niet, want wie weet bedenken we ons ooit en gaan we met een nieuwe wind weer opstarten. Want ook dat mag. De ruimte nemen om opnieuw te beslissen, iets opnieuw op te starten met een andere of zelfs betere energie. De volgende stap zou dan wellicht zijn dat we verklaren waarom, dat we ons afvragen of mensen misschien zullen denken dat we het missen, spijt hebben, of dat ons nieuwe traject niet gelukt is.
Zelfs als we falen, zal deze beslissing als juist aanvoelen. Maar wat is falen? Falen zou het zijn als we het niet hadden gedaan, als we de stap niet hadden durven zetten, als we dus uit angst hadden gekozen.
En ook in ons nieuwe traject blijft 'is het uit liefde of uit angst?' onze kernvraag.

Dat nieuwe traject begon letterlijk aan het begin van een nieuw jaar. Wij gingen op reis zonder plan. De puzzelstukken vielen helemaal in elkaar toen we aankwamen in het paradijs. We overwogen zelfs om daar te blijven. Na een maand voelden we echter dat dit gewoon een vakantie was en niet onze eeuwige bestemming. Iets moet zin hebben. Wij zijn doeners, we hebben een doel nodig. We hadden behoefte aan iets om naar uit te kijken.

In het horecaleven was er geen ruimte om uit te kijken naar wat nog mogelijk was. Onze zaak was namelijk niet alleen ons werk, maar ook ons leven. Als koppel een zaak runnen zorgt ervoor dat het erover gaat in de douche, aan de eettafel, in bed. Afspraken met vrienden speelden zich ook meestal af in onze zaak. We moesten uit het web stappen en kijken hoe we ons zonder spinsel konden verbinden. Wie waren we zonder de zaak? Zonder het label 'eigenaar' of 'baas'? Zonder de labels die we onszelf toeschreven? Wie ben ik als ik niet 'de partner van' ben? Wat blijft er over? Wie ben ik echt? Dat was een volgende stap die we moesten zetten.

Ook stelden we ons de vraag of er mensen zouden wegvallen als we ons van ons label zouden ontdoen. En ja, het gebeurde automatisch dat sommige mensen uit ons leven verdwenen. Terwijl er in je nieuwe bestaan nieuwe ontmoetingen plaatsvinden, is het ook de hele tijd afscheid nemen. En misschien komen ze weer in ons leven, misschien niet. Allemaal goed. Wij zijn verantwoordelijk voor ons eigen leven en soms passen dingen of mensen daar niet of niet meer bij. Als je je waarden in jezelf legt en niet bij een ander of bij werk, dan kun je gemakkelijker de ruimte nemen om voor jezelf te kiezen, om te kiezen wat intrinsiek goed aanvoelt. Zoals iets opgeven of iets loslaten.

We krijgen vaak de vraag of we spijt hebben. Misschien komt die reactie omdat zij de zaak of het label missen dat bij ons hoorde. Zijn ze stiekem aan het bedenken of het voor hen ook een optie zou zijn om te durven springen. Want wij zijn allemaal een spiegel voor elkaar. Alleen denken we te vaak, door die spijtvraag, dat mensen teleurgesteld in ons zijn, terwijl ze misschien eerder teleurgesteld zijn in zichzelf. Of bang. Verandering triggert mensen, zeker als het over 'opgeven' gaat.

Het gaat erom dat je dicht bij jezelf blijft. Zodra je je afvraagt wat de mensen zullen denken, is het eigenlijk al niet meer jouw beslissing, maar die van de anderen. En we weten niet wat anderen denken. Wij denken te weten wat anderen van ons denken, terwijl iedereen eigenlijk met zichzelf bezig is.
Dit jaar diende om te laten gebeuren wat moest gebeuren en los te laten. Bij mij was er sneller dan gedacht een drang om verder te gaan. Er waren verwachtingen van anderen toen we met onze zaak stopten en toen die eindelijk wegebden, installeerde ik zelf de verwachting. Misschien had ik dat nodig, een groot enthousiasme waardoor ik niet kon wachten om nieuwe plannen te smeden. Als leidinggevende volgde ik al een coachgerichte opleiding om mijn eigen stem te vinden binnen de zaak. Dat was de oorsprong van wat ik nu ga doen, mensen coachen.
En aangezien mijn lief zijn schildersezel wilde volgen, trokken we naar andere oorden en daar zijn we nu. We hebben op dit moment al een concreter beeld van welke richting het allemaal uit zal gaan, maar tegelijkertijd zijn we nog altijd zoekende.
Er zit heel veel hoop en zuurstof in het zoeken, het niet meteen te hoeven beslissen. Dat vinden we stiekem leuk. Of misschien is het juist het uitstellen van het creëren van verwachtingen dat het zo fijn maakt. Want om die zuurstof te creëren moet je je loskoppelen van de verwachting, opdat alles kan ontstaan, om in alle ruimte van richting te kunnen veranderen.
We zijn heel dankbaar voor wat geweest is. Het was waardevol en heeft ons mede gemaakt tot wie we nu zijn en wat we nu beslissen. We hebben niet opgegeven, dat zou betekenen dat je ergens verdrietig over bent. We hebben 'afgerond'.

'De mensheid verdraagt alleen de realiteit.'

—

Vrij naar T.S. Eliot

Murder in the cathedral

VERWACHTINGEN

Op 1 januari denk je ongeveer te weten wat het jaar je zal brengen. Je hebt je agenda voor ogen, je vakantie staat gepland en je bepaalt je voornemens. Maar ineens gebeurt er iets wat je planning overhoopgooit. De doos wordt geschud, er is chaos en je moet de puzzelstukken opnieuw leggen. Tot er een maand later weer iets gebeurt waardoor de puzzel er weer helemaal anders uitziet. Maar dat 'anders' is niet zo aantrekkelijk, het ongewisse geeft je een onbehaaglijk gevoel.

Je wacht op wat je verwacht, terwijl de verwachting zeker niet op jou wacht. Door te verwachten proberen we orde en voorspelbaarheid te brengen in de chaos van het leven. De enige constante is dat verwachtingen altijd op de loer liggen en nooit vervuld worden zoals gehoopt of gedacht.

We hebben verwachtingen, we leggen verwachtingen bij een ander, we willen aan de verwachtingen van anderen voldoen, verwachtingen worden niet ingelost en je geeft op, tegen alle verwachtingen in.

Nog voor de geboorte zit dat verwachten er al ingebeiteld. Ouders zijn in 'verwachting'. Van hoe hun kind eruit zal zien, hoe het karakter zal zijn, welke plaats het in hun leven zal innemen. Zulke verwachtingspatronen zullen niet meteen invloed hebben op hoe het kind zich ontwikkelt, maar wel op hoe ze met hun kind zullen omgaan na de geboorte. Zo wordt er toch een stempel gedrukt op de ontwikkeling. Die bepaalde verwachtingen hoeven ook helemaal geen probleem te zijn. Het is pas problematisch wanneer die verwachtingen als keurslijf gaan dienen waaraan het kind moet voldoen. Als het kind dient als plaatsvervanger voor de huwelijkspartner bijvoorbeeld, of voor wat de ouders zelf niet hebben kunnen verwezenlijken. Als ze als omstreden bondgenoot worden gezien tegenover hun partner. Misschien als afbeelding van hun eigen zelf, omdat ze zelf nog geen identiteit hebben gevonden en hun kind als proefpersoon gebruiken. Het kind als substituut voor de negatieve identiteit, waarbij de ouders hun negatieve eigenschappen, die ze niet onder ogen willen zien, projecteren op hun kind. Verwachtingen kunnen onze daden serieus beïnvloeden.

Maar wat zijn verwachtingen nu precies? In ieder geval geen fantasieën. Bij een fantasie geniet je in het hier-en-nu van de toekomst. Die ziet er vooral rooskleurig en moeiteloos uit.

Bij verwachtingen geven we onszelf de kans om te anticiperen op overtuigingen over de toekomst die beoordeeld worden op basis van gebeurtenissen uit het verleden of door de wereld zoals die ons wordt voorgesteld.

Bij het opgroeien doen we kennis en ervaring op, die worden opgeslagen en samengevat in ons brein als innerlijke structuren, oftewel cognitieve schema's. Ze stellen ons in staat om op basis van die beperkte informatie snel een algemeen beeld te vormen of tot een waarneming te komen, en dus ook te voorspellen wat te verwachten en hoe we ons gedrag erop kunnen of zullen afstemmen. Bijvoorbeeld: als het overdag donker wordt, kunnen we daaruit afleiden dat het misschien gaat regenen. Ze geven daarbij inzicht in hoe bepaalde dingen of gebeurtenissen samenhangen, hoe we ze kunnen verwerven, waardoor we prioriteiten kunnen stellen en ontbrekende informatie kunnen aanvullen.

Deze schema's worden kortom bepaald door persoonlijke en recente ervaringen en onze opvoeding en cultuur. Ook speelt de context waarin we gedrag waarnemen een rol. Een vuist bij een voetballer bijvoorbeeld kan anders geïnterpreteerd worden dan een vuist bij verkeersagressie.

Het zou mooi zijn als dit proces langzaam, overwogen zou gebeuren en als we bewust zouden redeneren en afwegen. Dat doen we helaas niet. Het werkt ook via associatie en is vaak onbewust emotioneel beladen. Het intuïtieve denken zorgt ervoor dat wanneer we aan meerdere dingen tegelijk denken, het gemakkelijkste antwoord als eerste naar boven komt. Ooit was dat intuïtieve denken zeer nuttig, bijvoorbeeld bij het jagen, waarbij een snelle keuze van handelen en uiterste volharding noodzakelijk waren om te overleven. Het beeld dat we intuïtief vormen, valt echter niet zo makkelijk te veranderen. Een eerste indruk die we van iemand krijgen, heeft vaak een blijvende impact op hoe we die persoon later zien. Zelfs als het initiële beeld onderuit wordt gehaald, blijft het gevormde beeld dikwijls toch nog doorwerken. Soms lokken we zelfs invloeden uit om dat beeld te bevestigen. Denk maar aan de mop van de man wiens auto die avond een lekke band heeft. Aangezien hij geen krik bij zich heeft, besluit hij aan te bellen bij een huis. Op zoek naar een huis begint hij alle mogelijke scenario's in zijn hoofd door te nemen: mensen zullen al slapen of de deur niet willen opendoen, ze hebben zelf geen krik en als ze die wel in huis hebben, zullen ze die wellicht niet willen uitlenen… Als hij uiteindelijk een huis ziet waar nog licht brandt, belt hij aan, maar wanneer de deur opengaat, is hij zo opgefokt door zijn eigen verhalen dat hij zegt: 'Och, houd uw krik', waarna hij kwaad vertrekt. Een perfect voorbeeld van een selffulfilling prophecy: wanneer je iets verwacht, ga je vaak onbewust gedrag vertonen dat die verwachting werkelijkheid maakt. Dat is een vicieuze cirkel die moeilijk te doorbreken is.

Daarbij gaat het verwerken van binnenkomende informatie snel en dus ten koste van nauwkeurigheid. We denken daardoor vaak in stereotypen en zien bepaalde eigenschappen zoals huidskleur als typisch voor een hele groep. We generaliseren hierdoor zonder onderscheid te maken tussen individuele leden.

Je creëert dus een beeld, je stelt een doel en er worden verwachtingen geschapen. Het is bij het verwachten essentieel om niet alleen te dromen over hoe het doel te verwezenlijken is, maar ook na te denken over de haalbaarheid en de hindernissen die je parten kunnen spelen. Stel dat je als doel hebt om gezonder te eten. Dan begin je met het visualiseren van de voordelen van je doel: je voelt je energieker, je gezondheid verbetert, en je past weer in je favoriete kleding. Daarna ga je bewust nadenken over de obstakels die in de weg kunnen staan, zoals je gewoonte om in de koelkast te duiken als je moe bent of hoe je tijd zult maken om gezond te koken. Dit heet mentaal contrasteren. Zo kun je handelingen plannen en toch zeer gericht blijven op het eindresultaat.

52 Door deze invloeden te begrijpen kun je voorkomen dat je blijvend verkeerd oordeelt wanneer het beeld niet overeenstemt met hoe je je voelt, en zou je in staat kunnen zijn om weloverwogen op te geven.

SAINT-JEAN-PIED-DE-PORT

Hier ben ik, in Saint-Jean-Pied-de-Port, een middeleeuws dorpje aan de voet van de Pyreneeën. Het vertrekpunt van de Camino Francés, het dorpje waar ik in mijn verbeelding van alles van gemaakt heb. Peter en ik gaan ons inschrijven bij het pelgrimsbureau. Ik krijg een mapje mee voor de volgende dag, zodat ik zeker de juiste route neem. We drinken de beloofde koffie en gaan daarna onze eigen weg. Aangezien hij een kortere eerste etappe aflegt, zien we elkaar wellicht niet meer terug. Ik wandel richting mijn Airbnb, waar ik geweldig goed word ontvangen door een Franse dame, die haar best doet om Engels te praten. Ik ben namelijk in staat om *'bonne année'* te zeggen in plaats van *'bonsoir'* (echt gebeurd). Maar het enige wat ik kan denken is: ga alstublieft weg zodat ik even goed kan huilen. Ik sta onder spanning en ik moet het er allemaal even uit laten. Zodra ze de deur achter zich dichttrekt, wellen de tranen op. Volkomen normaal, want dit gevoel ken ik.

Op mijn allereerste reis met het ziekenfonds moest ik ook ontladen. Ik hield mezelf in de bus voor om 's avonds onder mijn deken te huilen. Maar de tranen hoefden niet te stromen. Die middag al amuseerde ik me te pletter en het was de beste eerste reis die een meisje van dertien kon meemaken.

Ik overtuig mezelf ervan dat het ook hier zo zal zijn en dat het de spanning is die me beetneemt. Ik kijk naar YouTubefilmpjes van ervaren pelgrims om te zien wat ik kan verwachten. Ik heb die voorspelbaarheid even nodig, want ik heb nu al de neiging om terug te treinen. Ik maak me vooral zorgen over de slaapplaatsen. Ik ben een veertigjarige vrouw, ik slaap graag goed. Ik ben hier om te stappen en om alleen te zijn, niet om slaaptekort op te doen.

Ik zou nu al willen wandelen, zodat die eerste dag kennis is en geen afvragen. Zodra de eerste kennismaking met de route erop zit, zal het vanzelf gaan.

De emoties rillen uit mijn lijf. Ik besluit naar beneden te gaan. Geen zon die schijnt, geen mens te zien. Ik neem een glas rode wijn en ga richting trap. Tot er een vrouw binnenkomt. Zonder me af te vragen of zij hier ook is om de Camino te bewandelen, flap ik eruit: *'Hi, I'm Leen and I'm so nervous.'*

Haar 'me too' stemt me heel blij. We belanden meteen in een diep gesprek en voor we afscheid nemen, overtuigt ze me ervan om wandelstokken te kopen. Hoewel ze me haar nummer geeft, weet ik dat ik haar niet veel zal sturen. Ik ben hier niet om vrienden te maken. Die heb ik thuis en voor hen maak ik nu al te weinig tijd, wegens

introversie, vaak te veel prikkels en heel wat behoefte aan tijd alleen.
Hoe enthousiast ik ook tegen iedereen vertelde over mijn vertrek, nu lig ik onzeker en vol angst in bed. Ik weet niet wat de volgende dag me zal brengen. *The Camino provides*, zeggen ze. Het brengt je wat je nodig hebt. Wat zal het me brengen? Wat kan ik verwachten? Tot nu toe was niks van wat ik had verwacht juist. Net als in het leven.

56 *'Notre tête est ronde pour permettre à la pensée de changer de direction.'*

—

Francis Picabia

La Pomme de pins

DAG 1

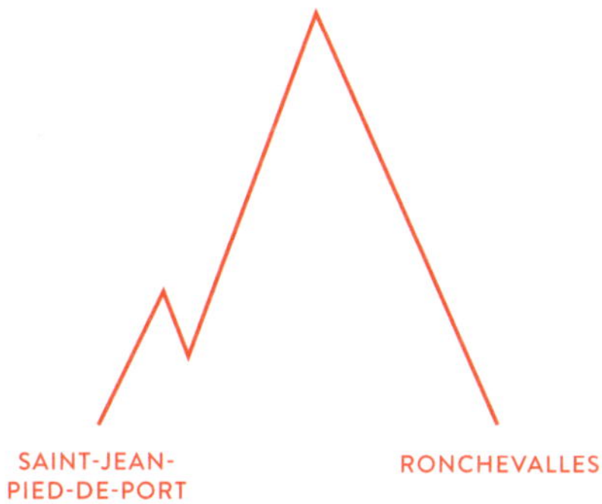

Ik ben het aan het doen. Ik ben dit aan het doen! Het zijn mijn eerste gedachten. Ik loop over van euforie. Ik vind het zo stoer van mezelf. Ik ben aan het stappen. Dat is wat ik wilde, waar ik jaren naar had uitgekeken. Mijn mondhoeken haken tot achter mijn oren en ik vraag een voorbijganger om een foto van me te nemen. Daar ga ik. Met mijn wandelstokken. Ik ben niet tegendraads geweest deze keer en heb me *hiking poles* aangeschaft. Ik heb trouwens ook Crocs gekocht voor als ik me 's avonds uit mijn wandelschoenen wil bevrijden. Het is een pelgrimsroute, geen modeshow.

Zoals voorspeld op de kaart die ik van de dame aan de infobalie kreeg, sta ik voor een tweesprong, nu al. Op het kaartje staat dat ik links van het witte huis moet. Maar links van het huis zijn er twee opties. Het kan nog niet bergop gaan, nee, dat kan niet. En de straatnaam komt ook niet overeen met de plattegrond. Dus ik neem links-links. Toch even checken op de Camino-Ninja-app (deze app beveel ik ten zeerste aan voor wie deze route ooit wil bewandelen). Jawel hoor, foute weg. Meteen naar boven dus, de Pyreneeën over. Ik ontmoet James uit Londen, die uit zijn Airbnb komt gewandeld. We nemen een foto en stappen samen verder. In ons eigen ritme, dus op een bepaald moment laat ik hem achter me.

Wat een landschap. Wat een pracht. De tinten groen, de dauw, de mist en de stilte. Alsof de wereld slaapt. En zo zal het dus zijn, elke dag. Heerlijk!
Ik neem een foto van het uitzicht, maar ze is niet representatief. Ik stop mijn telefoon snel weg en besluit te ademen en het in me op te nemen. Ik weet niet waar ik heen ga, maar ik volg de mensen die voor mij lopen en dat brengt me rust. Ik hoef ze niet te kennen, ik hoef niet tegen ze te praten, ik volg m'n eigen pad en ook een beetje dat van hen, zonder aan hen vast te hangen.
Being alone in the crowd!

Er overvalt me een kuddegevoel. Wij zijn pelgrims die allemaal dezelfde bestemming willen halen, Compostella. Elk met een eigen intentie, maar toch. Ineens behoor ik tot een groep. Wat veilig is, maar niet wat ik zoek. Beschermd onder onze poncho gaan we als eenheidsworst de Pyreneeën op.
Ik zie mezelf stappen, met twee stokken, een legging en een zware rugzak. Wat is daar nu leuk aan? Wat was het goede idee ook alweer? Het rare is dat ik heel goed weet wat ik hier kom doen, en toch…
Dit is de eerste keer dat de vraag 'waarom doe ik dit?' door mijn hoofd raast. Maar ik las en hoorde dat dit volledig normaal is, dus ik blijf gewoon stappen tot deze gedachten me verlaten. Dat zijn de slechtste momenten.

Jezelf in *helicopter view* zien, alles onder een loep waarnemen en beoordelen. Niet aan introspectie doen, maar als een vogel op mezelf neerkijken.

Mijn hart doet me stoppen. Wat is dit? Niet alleen mijn hart, maar ook deze weg gaat in een constante omhoog. Ik zet mijn rugzak neer en eet een banaan. Met de nodige energie ga ik langzaam, heel langzaam over de kiezelsteentjes. Ik kan niet anders dan om de paar meter even op adem komen.

Twee heren uit Wales vertragen met me en vertellen dat ze de Camino voor de derde keer bewandelen.
'Hoezo, wil je dit drie keer doen?' vraag ik. 'Je vergeet elke keer hoe zwaar het is', antwoorden ze me en ik maak het mopje dat het dus is zoals een bevalling. 'Je krijgt er zoveel voor terug.'
Ze moeten lachen. Dit kan niet anders dan een geweldig leuke ervaring zijn als je deze berg voor de derde keer wilt trotseren, spreek ik mezelf moed in terwijl ik stap voor stap de berg beklim.

'Vertragen' raadde iedereen me aan. Mijn grote broer laat me voor ik vertrek nog weten dat het geen wedstrijd is. Ik wandel te snel naar zijn normen. Hij wandelt niet, hij kuiert. Snel gaat het hier niet. Mijn eigen ritme halen lukt me niet bergop. Ik vertraag, letterlijk. Maar ik voel me beperkt. Ik wil vertragen in mijn hoofd terwijl mijn benen me verder weg van thuis brengen. Bij elke stap is mijn mantra: 'Traag raakt de egel ook aan de overkant.'

In Orisson, de bar waar iedereen even stopt, besluit ook ik even bij te tanken. Ik heb behoefte aan ventileren. Ik vlei me neer bij James, met wie ik eerder had kennisgemaakt. Ik heb snel spijt van mijn keuze, want zijn gesprekspartner praat werkelijk alle stiltes vol. Stilte wordt zwaar onderschat. Terwijl dat juist is waar ik graag in vertoef. Niet in complete stilte, maar wel stil kunnen zijn in gezelschap. Niet degene hoeven te zijn die moet spreken of tegen wie gesproken wordt. Ik ben er lijfelijk, maar geestelijk niet altijd graag. Ik moet me daar heel erg voor opladen. En nu is mijn batterij leeg. Daarom maak ik deze reis, om dertig dagen het drukke bestaan achter me te laten, even mijn eigen gedachten te mogen horen en energie te tappen.
De croissant gaat in mijn brooddoosje voor morgen en mijn spuitwater drink ik op alsof ik nog nooit van mijn leven bruisend water heb gedronken. De boer houd ik voor me. Ik besluit te vertrekken.
'Geen toiletpapier', hoor ik de dame voor me zeggen en ik neem mijn papieren al nat van het zweet geworden zakdoekje, en laat het aan haar zien alsof ik erop voorbereid was.
Ik prent me in dat plassen in een Toi Toi ook bij de Camino-droom hoort.

Hoger, lager, steentjes, modder. Zon, wind, regen, hagel. Wat? Hagel? Ik pak opnieuw mijn regenponcho. Naast een hesje het lelijkste op aarde. Nogmaals, geen modeshow. Ik bescherm mijn rugzak met een hoes en ik stap verder in het zonder twijfel steeds mooier wordende landschap. Stoppen doe ik niet.

Ik dacht in vorm te zijn, maar heb misschien toch te vroeg de fitness opgegeven. De praatgrage jongen komt naast me wandelen, ik moet me concentreren. Ik voel mijn borst dichtklappen: verdorie, een paniekaanval. Normaal gaat een aanval door te bewegen over, omdat alle energie die zich opstapelt dan een uitweg kent, zeker als je je daarbij ergens anders op kunt focussen. Maar dit is next level. Door zijn voortdurende vloed aan woorden slaan mijn lijf en hersenen even op tilt. Dit gaat te ver, dit laat ik niet toe: *'You can walk with me, but you can't talk to me.'* Ik zeg hem dat ik alleen wil zijn met mijn eigen gedachten, dat ik even stilte wil. Dat ik een paniekaanval heb en hem straks anders de klif af wil duwen, zeg ik er niet bij.
De eerdere egel is ver te zoeken, *shut the fuck up* is intussen mijn mantra geworden. Onlangs heb ik ergens gelezen dat er zuigtabletten en bruistabletten te vinden zijn onder de mensen die je rondom je verzamelt. Zij die de energie uit je zuigen en zij die je doen bruisen als ze in je omgeving vertoeven. Deze spraakwaterval is duidelijk een zuigtablet.

HET OPGEVEN VAN EEN VRIENDSCHAP

Leen, 41 jaar

Om die reden heb ik onlangs zelf een vriendschap opgegeven. In de loop der jaren heb ik wat vrienden losgelaten, hebben zij mij opgegeven, zijn vriendschappen verwaterd of gaan vriendschappen in een andere hoedanigheid verder. Er is een stiekeme hoop dat een vriendschap de rest van je leven blijft aanhouden. Dat je op dezelfde manier verandert en levensfases doormaakt. Soms versterken die evenwijdige fases elkaar, maar soms is het juist het tegenovergestelde van wat je nodig hebt en dan gaan die wegen uiteen, hoe perfect ze op zeker moment ook naast elkaar lagen. Sowieso ben ik iemand die dat niet persoonlijk neemt omdat ik me heel bewust ben van het feit dat vrienden komen, gaan en soms terugkomen. Ik voel me daar ook niet schuldig over. Sommige vrienden zijn er gewoon in een periode, in omstandigheden waarin je ze nodig had. Ik koester die en ga door. Alleen is het niet zo simpel om een vriendschap op te geven. Wanneer ik degene ben die voelt dat we een andere richting zijn ingeslagen en niet samen zijn geëvolueerd, voel ik me toch verantwoordelijk en wil ik me verklaren. Het is net iets gemakkelijker als de ander dat ook aanvoelt en we samen onze eigen weg gaan. Die vriendschap krijgt een andere vorm en dat is helemaal oké.

Ook daarbij is verwachting belangrijk. Als je verwacht, word je teleurgesteld. Een goede vriendschap is er een waarin je erop kunt vertrouwen dat de ander er zal zijn wanneer je dat nodig hebt, met wat hij of zij op dat moment in zijn of haar vermogen heeft. Het is niet geven om terug te krijgen, maar bieden wat je op dat moment kunt bieden. Het is ook erop vertrouwen dat het wel eens in de omgekeerde richting zal gebeuren, naar ieders eigen kunnen.
Daarbij draait het in vriendschap helemaal niet om kwantiteit, maar om kwaliteit. We zijn geen twintigers meer die elke dag in het café kunnen hangen en meteen afspreken wat we de dag erna zullen doen. Onze kring wordt exclusiever, ik tel mijn hechte vriendschappen liever op één hand dan dat er twintig los aan de pols hangen.

Maar deze vleesgeworden woordenstroom is mijn vriend niet. Ik ben hem geen uitleg verschuldigd, ik bewaak mooi mijn grenzen en ga gestaag verder. Ik raak hem kwijt. Niet voor lang, want waar eten is, kom je de kudde tegen. De man van de foodtruck heeft dat goed bekeken. Efficiënt, doordacht en hij weet perfect wat pelgrims nodig hebben. Nooit gedacht dat poedermelk, cacaopoeder en een eitje in de pel me zo zouden smaken. De proteïnen die ik nodig heb. Honger heb ik niet, want ik ben nog altijd zo zenuwachtig als een, tja, als een wat eigenlijk, een ei? En plassen moet ik ook al niet, die liters water zwemmen zo mijn poriën uit. We naderen het einde van de dag en ik wandel eindelijk in mijn eigen ritme.

Ik ben alleen in een bos, hiep hop naar beneden. Afdalen is meer mijn ding. Mijn eerste wandelgezel, James, geeft me het advies te slalommen, alsof ik aan het skiën ben. Nog nooit geskied, maar het proberen waard.

Weg ben ik, als een verre van huppelend Roodkapje in het bos. En hup, ik val. Met rugzak en toebehoren.

Na deze dag vol ellende, indrukken, weinig slaap en zonder hongergevoel zou ik op het punt moeten staan om te huilen, maar nee. Ik sta op en ga gezwind verder als een slalommend modderkopje. Ik ben bijna op mijn eerste bestemming. Zal er een bordje 'Ronchevalles' staan of moet ik vertrouwen op het weerzien van de kudde die nu helemaal uit mijn zicht verdwenen is? Want heel veel pelgrims hielden het voor bekeken in Orisson, waar de eerste bar was.

Met James eindig ik ook de dag. We komen aan bij een herberg, waar ik had kunnen slapen en kunnen praten. Maar voorbereid als ik ben, heb ik iets anders geboekt.

Ik kijk en zie dat het nog 3 kilometer stappen is. Ik vloek: slecht geregeld, Leen. Ik heb me laten vangen. Maar goed. Ik kan niet terug. En het is niet dat ik iets anders op de planning heb staan. Dat neem ik er dus nog maar bij. Ik stap naast de grote weg en zie het gele Camino-teken. Ik ben op de Camino-route richting Burguete, de route die ik morgen zou afleggen. Een geluk bij een ongeluk. Morgen minder kilometers. En die 3 kilometer in mijn eentje in de bossen doen me op dit moment gigantisch veel deugd.

Mijn kamer is perfect. Ik schop mijn schoenen uit, trek mijn Crocs aan en ga op zoek naar eten. Een kilometer terug. Geen probleem, kunnen we. In een bar hoor ik een vrouw met haar vader bellen. Ik heb besloten niet met het thuisfront te bellen, ook niet te appen. Ik heb geen behoefte aan een update uit België. Ik wil onbereikbaar zijn, en weg van alle communicatie. Of liever het teveel aan communicatie. Ik wil zoals vroeger na een schoolvakantie uitgebreid kunnen vertellen wat ik allemaal gedaan en gezien heb in deze maand.

Maar nu wil ik praten, even delen, met iemand die weet hoe deze dag aanvoelde.

Wanneer ik haar het gesprek hoor afronden, vraag ik of ik bij de vrouw mag zitten en dat mag. Ik eet mijn tortilla (dat wordt mijn favoriete ontbijt, lunch en avondmaaltijd), en Sacha uit Canada en ik hebben helemaal dezelfde mening over vandaag: pittige weg, mooie uitzichten en stoer dat we dat achter de kiezen hebben. Maar die beklimming van de Pyreneeën besluiten we toch nooit van ons leven meer te doen.

Ik keer terug naar mijn hotel, neem een douche en plan zoals aangeraden mijn overnachtingen voor een paar dagen. Dat brengt me rust.
Sacha had mijn vriendin kunnen worden. Maar ik heb haar nooit meer gezien. Ik denk dat ze ermee gestopt is. En dat mag. Ik ga door. Want ik kan dat. Als ik een keuze heb gemaakt, een doel voor ogen heb, ga ik daar voor de volle honderd procent voor en wijk ik daar niet van af. Ik zie altijd een lichtje, een uitweg. Wat kan wel? Gewoon stappen.
Ik ga tot het vat leeg is, tot een ander beslist, tot het klaar is of het doel bereikt. Want ik ben een doorzetter.

'Je moet bereid zijn van de aarde te vallen.'

–

Marina Abramović

Knack Weekend

VOLHARDEN

Wanneer we iets tot een goed einde willen brengen, worden we verondersteld te strijden, vol te houden, door te zetten, stand te houden, door te bijten, door te duwen. Iedereen, wijzelf incluis, wil dat we alles afmaken en daarin volharden. Maar volharden, kiezen we daar überhaupt zelf voor?

Ooit werd gedacht dat wie we worden en wat we doen, erfelijk bepaald is. Dat idee moest worden herzien, want de mens komt niet ter wereld met een erfelijk uitgetekend stappenplan. Of zoals Hannah Arendt mooi aangeeft: 'Elke nieuwe mens, wanneer hij zich invoegt tussen verleden en toekomst, moet dit pad ontdekken en al ploeterend opnieuw plaveien.' Iedere dag maken we tal van dingen mee en het is het veelvoud van die dingen dat ervoor zorgt dat er een continue evolutie plaatsvindt. Een verzameling van ervaringen, maar ook de omgeving speelt dus een belangrijke rol, ook bij onze beeldvorming tijdens het stellen van doelen en verwachtingen.
Daarbij mogen we de zelfbepaling, persoonlijke vrijheid en eigen verantwoordelijkheid niet vergeten. Alleen vraag ik me dus af of we wel in staat zijn om onze ervaring zelf te selecteren en of we onderhandelen met wat ons overkomt in plaats van het te ondergaan. Vrije wil, bestaat dat wel? Of neemt de ijzeren wil het over?

We weten instinctief wat we leuk vinden en wat niet. Ook onze ervaringen vormen een basis voor onze houding. Daardoor gaan we de voor- en nadelen beredeneerd afwegen. Dat zijn geen geschreven regels, het is gewoon iets wat je moet aanvoelen.
Wat onze houding ten opzichte van iets is en of we zullen volharden, hangt van zoveel dingen af. Door dit boek heen haal ik tal van factoren aan die het volharden stimuleren.

Ik begin met het experiment van Ivan Pavlov en zijn alom bekende hond: de klassieke conditionering. De fysioloog bood de hond voedsel aan. Maar hij liet, voordat hij voedsel aanbood, een belgeluid horen. Telkens als het voedsel kwam, kwijlde de hond. Na een tijdje stelde Pavlov vast dat het voedsel zelfs niet meer nodig was om de hond te laten kwijlen. Zodra de hond het belgeluid hoorde, wist hij dat er eten aankwam en gingen zijn speekselklieren werken. Anders gezegd: er zit een soort inwendig aangeleerd alarm in ons waardoor we in een bepaalde situatie op een bepaalde manier reageren. Dat bepaalt onze houding ten opzichte van iets.

Ook worden onze attitudes bepaald door het sociale leren: door observatie en imitatie van anderen, gewenning.

Hoe meer we aan iets worden blootgesteld, hoe meer we eraan gewend raken. Dat werkt echter niet bij negatieve prikkels als hevige pijn. Om een ander voorbeeld te geven: het passeren van de trein hoor je bij gewenning op den duur niet meer. Of om bij het wandelen te blijven: mijn spieren raakten zo gewend aan het wandelen dat ze op zich geen weerstand boden om door te zetten.
Daarnaast is het ook zo dat hoe vaker een prikkel wordt aangeboden, hoe positiever de attitude ertegenover wordt. Je kunt bijvoorbeeld een liedje heel vervelend vinden, maar hoe vaker je het hoort, hoe meer je het toch begint te appreciëren. Het kan je echter na lange tijd ook vervelen. En negatieve associaties kunnen daarbij het positieve effect van de herhaling ook tenietdoen. Het bereikt dus ergens wel een limiet.
Je mag eveneens de prikkels uit je omgeving niet onderschatten. Meestal ben je je niet bewust van hun invloed omdat ze onder de waarnemingsdrempel liggen. Denk maar aan een geur. Die kan er bijvoorbeeld voor zorgen dat je geneigd bent om te poetsen of te kopen, het ontspant je, het bezorgt je stress, of het doet je terugkeren naar iets van vroeger.
Ten slotte hebben persoonlijke geschiedenis en ervaring ook een grote invloed op het stellen van doelen, het inschatten van de mate van succes en de bereidheid om te

volharden. Dat heeft te maken met de manier waarop ervaringen in de kindertijd het menselijk brein vormen. Wanneer het veilig en comfortabel aanvoelt, zal dat je motiveren om te volharden. Denk maar aan iemand die opgegroeid is bij een narcistische ouder. Die zal het langer volhouden in een huwelijk met een narcistische partner, omdat gaslighting, manipulatie en de weinige zelfwaarde als veilig aanvoelen aangezien diegene dat van vroeger kent.
We handelen dagelijks heel vaak onbewust en doen sommige dingen automatisch omdat ze anders te veel bewuste capaciteit zouden innemen. Denk maar aan autorijden. In het begin vraagt dat heel veel concentratie, maar naarmate we ervaring opdoen, neemt het niet meer al onze aandacht in beslag en hoeven we na een tijdje niet meer bewust na te denken over elke afzonderlijke actie, zoals wanneer we moeten schakelen.

Het is een utopie om te veronderstellen dat we heel logisch en goed nadenken en ons denken onder controle hebben.
We zijn er ons helaas niet altijd van bewust waarom we volharden.

DAG 2

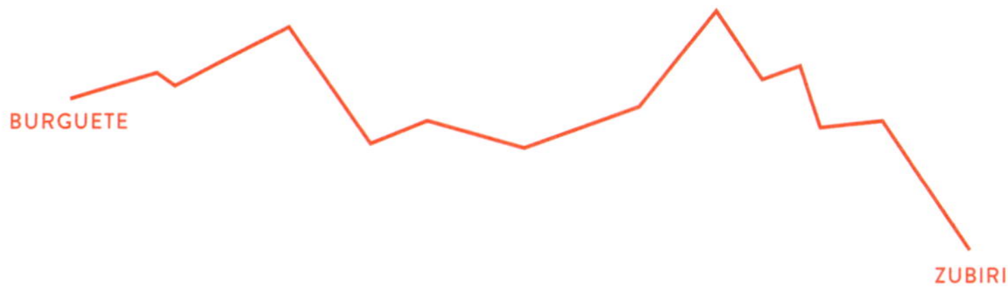

Rond zes uur zucht de wind in mijn gezicht. Ik strop de beschermhoes alvast rond mijn rugzak tegen de regen. En tegen de honger die misschien nog zal komen, ga ik ontbijten.

'All by yourself?' vragen een vader en dochter me. Ik knik en ik slik. Ik kan heel goed alleen eten en ik vind mezelf uitstekend gezelschap. Waarom komen die woorden dan harder binnen dan ik had verwacht? Wat doe ik hier?

Er zit iets in mijn yoghurt wat mijn gehemelte doet opzwellen, ook niet echt goed voor mijn traanklieren. Ik graai een croissant mee en besluit te vertrekken.

Vertrekken is het beste moment van de dag, dat weet ik al. Heerlijk vroeg, lekker alleen, tot blijkt dat een andere pelgrim hetzelfde idee had.

Omhoog en omlaag door de bossen, niet goed voor het gemoed, maar erger dan de pieken van de Pyreneeën kan het niet. Zodra je die hebt overwonnen, apprecieer je de kleine beklimmingen des te meer. Net zoals in het leven: wanneer grote tegenslagen je te beurt vallen, ga je de mindere hindernissen meer relativeren en de kleine gelukjes op prijs stellen.

Ik besef dat ik een stempel ben vergeten te vragen in het hotel. In het pelgrimsbureau kregen we een boekje dat als je Compostella eenmaal bereikt, stampvol stempels staat die je onderweg hebt verzameld. Vreemd, het kan me bitter weinig schelen dat ik niet kan bewijzen dat ik in Burguete ben geweest.

De zon blijft weg, maar mijn papieren zakdoek is wederom een waterzakdoek geworden. Mijn neus loopt meer dan ik zelf. Een stoffen zakdoek was een beter idee geweest, een citytrip naar Berlijn ook.

Ik blijf met een zenuwachtig gevoel stappen. Ik geniet nog niet ten volle. Het is de tweede dag, Leen, geef het tijd, gaat het door mijn hoofd. Ik geef mezelf een denkbeeldig schouderklopje terwijl ik verder stap. Ik ben een volharder, ik stop niet zomaar met iets. Ik moet het echt geproefd, onderzocht en nog eens geprobeerd hebben. Ik moet het gevoel hebben dat ik er alles uit heb gehaald wat eruit te halen viel. Ik kijk naar de komende helling en spreek mezelf de bemoedigende woorden '*when it goes up, it must come down*' in. Ik doe mijn rugzak af en ontdoe me van mijn poncho, die ik preventief over me heen had gegooid, alsof ik een partytentstaketsel was.

Drie jongens uit Arizona wandelen me voorbij. Ik zeg vriendelijk '*buen Camino*'. Wij weten nog niet dat we goede vrienden gaan worden.

Ik kom de drie iets verderop weer tegen. Het blijken broers te zijn en ze zijn heel enthousiast over mijn Engels. *I feel* ineens *like very American.* Matt, Heath en Jacks lopen met me mee, maar aangezien het hier en daar naar boven helt, raak ik ze af en toe kwijt.

Ik kom een jonge vrouw, Mia, tegen. Heel impulsief, zonder voorbereiding en afweging, besloot ze te wandelen. Ze moest weg. In tegenstelling tot mij. Ik hoefde niet weg en ik heb dit tot in de puntjes gepland. Ik overdenk alles. Zo heb ik geen spijt. Ik weeg af, ik toets en ik zeg af als het me niet zint. Ik ben licht jaloers op haar impulsiviteit. Dan zijn de verwachtingen misschien ook minder hoog?
Over een paar grote wegen en via kleine paadjes stop ik bij een foodbar, waar ik een stempel vraag. De jongen die me de dag ervoor een paniekaanval had bezorgd, vraagt of hij mee moet wandelen. NEE!
'Nee, dank je', komt er beleefd uit en ik besluit verder te gaan.

Er is een klein bruggetje in zicht waarachter een naambordje te zien is: Zubiri. Ik ben er. Trots vraag ik iemand een foto te nemen. Een beter bewijs dan een stempel.
Echt meer genoten van mijn tocht vandaag. Of beter, deze ochtend, het is elf uur. Ik ben vier uur onderweg geweest en heb 21 kilometer gewandeld. Drie uur te vroeg om in te checken in mijn hostel, dus ik ga even op het pleintje zitten. *Et maintenant?*

'Soms is het gewoon wachten' staat er op een muur in Antwerpen te lezen. Dichter Maud Vanhauwaert heeft gelijk. Alleen is wachten in schone kleren, in een te verkennen stad en onder een zonnestraal net iets aangenamer.

Ik heb flink gestapt en heb niet het gevoel dat ik hiervoor beloond word. Had ik maar geen hostel vastgelegd, dan was ik verder gewandeld. Helaas, geboekt en betaald.

Ik heb ook niet genoeg ervaring om in te schatten of verder wandelen wel haalbaar is. Zou ik niet te moe zijn? Vallen de beklimmingen mee? En zijn er voldoende slaapplaatsen? Misschien kom ik te laat aan. Dat had ik hier helemaal niet zo erg gevonden, in dit dorpje valt niks te beleven. En mijn gekozen boek valt wat tegen. Helemaal niet wat ik had verwacht. Wat ik gelezen heb, scheur ik er alvast uit. Zo hoef ik het niet mee te sleuren.
Zitten kan leuk zijn. Maar ik zie het even niet meer zitten. Ik wil wandelen.

Twee uur, klaar om in te checken. Ik installeer me en begeef me meteen weer naar buiten, weg uit die veel te kleine kamer waar acht bedden gestapeld staan. De drie Arizoners zitten op het dorpspleintje en we raken meteen in gesprek. Ik vertel dat ik een actrice ben en merk hoe speciaal dat voor hen is. Ik had ook kunnen liegen, maar de energie om een verhaal te verzinnen ontbreekt me, dus ben ik eerlijk en algauw gaan we het rijtje af. Ik blijk evenveel jobs te hebben als zij samen. Matt werkt in een restaurant en is een script aan het schrijven. We praten over droom, werkelijkheid en praktische bezwaren. Over de Camino en verwachting.

We denken er hetzelfde over. We zien het allebei nog niet. We wisselen nummers uit en wensen elkaar een goedenacht. Ik besluit pasta te gaan eten in een sportcentrum. Ik ben alleen, dat geeft het voordeel dat ik aan de bar kan zitten. Voor nog geen 9 euro heb ik een spaghetti, rode wijn en een klein appeltaartje dat ik in mijn doosje bewaar voor morgen. Wederom geen honger, maar ik moet even mijn tijd doden en eten is nodig.
Slaap ook, maar die krijg ik niet. In plaats daarvan word ik beloond met een snurkconcert van zes vreemde mannen. Wat doe ik hier? Ik zou thuis kunnen liggen, bij mijn (snurkende) man en spinnende kat.

Als kind weet je heel goed wanneer er een beloning of straf zal volgen op bepaald gedrag. Zo ontstaat de neiging om na een beloning dat gedrag opnieuw te vertonen en dus te volharden. Een kind dat een snoepje krijgt voor het opruimen van zijn kamer, zal de volgende keer zijn kamer opruimen in de wetenschap dat er dan een snoepje volgt als beloning. De kans om bepaald gedrag opnieuw te vertonen en erin te volharden neemt dus toe wanneer er een aangename stimulus volgt. Met andere woorden: als je ervoor beloond wordt. Gedrag wordt positief bekrachtigd. Dit begint dus al in de opvoeding, maar zet zich voort op school, op de werkvloer en ook in de latere privésfeer. Denk maar aan de momenten waarop je kinderen gulzige 'mmm-geluiden' maken tijdens het eten. Dat geeft je meer zin om te koken, niet? Ook complimenten, knuffels, een activiteit… kunnen een stimulans zijn. En het beste resultaat zie je dan weer bij huisdieren. Zij laten maar al te graag 'please'-gedrag zien voor een koekje. Positieve bekrachtiging werkt omdat het beloningscentrum in de hersenen wordt gestimuleerd. Dit zorgt ervoor dat mensen en dieren zich goed voelen na het gewenste gedrag, waardoor het een aantrekkelijke gewoonte wordt. Anderzijds kan het verwijderen van een onaangename stimulus na bepaald gedrag er ook voor zorgen dat het gedrag opnieuw vertoond zal worden. Dat noemen ze negatieve bekrachtiging. Een voorbeeld hiervan is het stoppen van een vervelend geluid als iemand een juiste handeling uitvoert, zoals het uitschakelen van een alarm door op de juiste knop te drukken.

HET OPGEVEN VAN EEN IDEAALBEELD

Juliette, 22 jaar

Ik ben van kinds af aan mollig en was daar eigenlijk echt niet mee bezig. Een paar familieleden waren dat echter wel en begonnen op me in te praten. Zij waren heel hard in gevecht met hun gewicht en werden daarmee gepest. Elke keer als ik bij hen op bezoek kwam, kreeg ik dan ook de opmerking dat ik beter op mijn eten moest letten.

Op zesjarige leeftijd werd ik me bewust van die raad. Dat was de eerste keer dat ik een diëtist heb opgezocht. Van haar kreeg ik als taak alles wat ik at en dronk te noteren en daardoor werd ik me bewust van elk koekje. Mijn ouders merkten dat het een grote mentale impact had op mij en besloten dan ook niet verder te gaan met dit dieet.

In mijn puberteit echter begon de strijd met mijn gewicht opnieuw door de sociale media, die me meer en meer in contact brachten met het zogezegde ideaalbeeld.

Om te kunnen volharden in mijn dieet at ik amper, stond ik elk uur op de weegschaal en ging ik op zoek naar de minste calorieën. Mijn extreme gedrag leidde tot een eetstoornis, waardoor ik hulp ben gaan zoeken en opgenomen ben geweest. Die mentale strijd duurde tot ik zeventien jaar was. Het goede was dat er toen al wat meer personen met een maatje meer opdoken in de media. Daardoor veranderde mijn mindset. Ik ben namelijk niet minder waard omdat mijn broek een maat groter is. Helaas werd ook ik op school gepest vanwege mijn lichaam en hoewel ik dat niet wilde, zorgde dat ervoor dat ik een nieuw dieet startte, waardoor ik 13 kilo afviel. Maar daarna kreeg ik die kilo's dubbel en dik terug. Mijn ouders waren een grote steun. Zij moedigden me aan los te laten en te zijn wie ik was.

Alleen konden mijn familieleden dat niet en bleven ze de drang hebben mij te sturen. Ze hadden een maagverkleining ondergaan en hun leven was voor hen kwalitatief veel beter geworden, omdat ze een verband zien tussen mager zijn en aardig gevonden worden. Ze adviseerden me daarom hetzelfde te doen. Op dat moment ging er veel door mijn hoofd. Gedachten als: wat zullen de mensen over me denken, word ik wel graag gezien als ik niet mager ben, zal ik een partner vinden als ik dikker ben, waarom lukt het me ondanks volharding niet om af te vallen?

Ook waren er verwachtingen en dat gaf me veel druk. Als mensen weten dat je ergens mee bezig bent, worden er vragen gesteld. Hoe de vooruitgang is, of ik al ben afgevallen. Ik schaamde me dan ook wanneer het afvallen niet lukte. Ik moest toegeven dat ik gefaald had.

Ik bleef volharden, om graag gezien te worden, om niet meer gepest te worden, om dat ideaalbeeld te bereiken en mooi gevonden te worden.

Uiteindelijk maakte ik een afspraak bij de dokter voor een gastric bypass. Mijn ouders zeiden dat als ik dat echt wilde, ik het zelf moest betalen. Dat is mijn bescherming geweest. Aangezien ik 18 kilo moest aankomen om het vergoed te krijgen, heb ik dat idee (gelukkig) losgelaten.

Op mijn eenentwintigste leerde ik mijn huidige vriend kennen, die me, ondanks mijn kilootje meer, liefde gaf. Toch begon de onzekerheid me vorig jaar te overheersen. Ik denk dat de sociale media me onbewust indoctrineerden. Die boosdoener doet je jezelf altijd vergelijken met een ander. Ik weet dat dat ook in het leven zo is. Er zal altijd iemand mooier, groter of slanker zijn. En toch ging ik weer naar een diëtiste. Mijn vriend steunde me in mijn dieet door met mij te gaan fitnessen en zwemmen. Weer moest ik alles noteren wat mijn mond in ging. Nu was het mijn vriend die zag dat het mentaal veel van me vroeg. Ik bleef veel praten met hem en mijn moeder en ging opnieuw naar de psycholoog. Van hen hoefde ik niet te veranderen, maar moest ik wel gezond blijven.

Vorig jaar werd het me mentaal te veel en begon ik last te krijgen van paniekaanvallen. Daarom ben ik gestopt met mijn studie.
De klik kwam vlak voor kerst. Ik was aan het berekenen wat ik wel en niet mocht eten tijdens de feestdagen. En toen besefte ik dat dit helemaal geen normale gedachtegang was. Op vierentwintigjarige leeftijd zou ik me geen zorgen moeten maken over wat er op mijn bord ligt, hoe ik eruitzie of wat ik aanheb. Het was het allemaal niet waard om me zo slecht te voelen. Op dat moment heb ik besloten het diëten op te geven.
Ik heb geen spijt dat ik heb opgegeven. Integendeel, ik heb spijt dat het me allemaal zo beïnvloed heeft. Ik heb zoveel dingen laten liggen in mijn leven. Zoveel mooie herinneringen niet gemaakt. Ik ging niet zwemmen met vriendinnen omdat ik me niet in badpak wilde laten zien aan de buitenwereld. Ik turnde niet mee omdat ik vreesde niet over de bok te komen en gepest te worden. Ik kocht dat ene topje niet omdat ik vond dat ik dat als mollige persoon niet kon dragen. Terwijl je daar als negenjarige

niet mee bezig zou moeten zijn. Elke keer wachtte ik tot ik zou afvallen. Ik kan die momenten niet meer inhalen.
Ik ben gezond, ik eet gezond, ik eet eens minder gezond en ik ga sporten. Ik heb geen weegschaal meer in huis. Het getal doet er niet meer toe. Ik ben geliefd en gelukkig. Ik heb het ideaalbeeld, of wat de buitenwereld als ideaal ziet, opgegeven. En daarvoor een ideaal leven in ruil gekregen.

DAG 3

Wanneer de klaarte de donkerte overheerst, begin ik te stappen. Ik heb amper een oog dicht gedaan en in die korte slaap heb ik hevig gedroomd. Laat me deze nacht snel vergeten.

Twee roodborstjes vergezellen me. De dappere robins komen me troosten, want ik ben niet echt in de stemming. De moed zakt me in de schoenen. Hoewel mijn voeten dapper verder stappen, wil mijn hoofd niet mee in draf.
Ik kan de oorzaak niet specificeren, ik kan er de vinger niet op leggen, maar het vertroebelt wel alles wat er op me afkomt. Deze ochtend is vervelend en leuk tegelijk. Om de vijf minuten voel ik iets anders. En zie ik iets anders: van grijze industrieterreinen tot prachtige parels van de natuur als bloemen, riviertjes, groene bossen en bergen die ik wederom niet kan vastleggen op foto. Het is niet hetzelfde. Niks is hetzelfde.

Ik moet iets doen, iets productiefs om me vooruit te stuwen en die ontmoedigende gedachten uit mijn hoofd te halen. Ik heb een plan nodig. Laat ik een praktisch en efficiënt boek schrijven over hoe je de Camino moet wandelen, bedenk ik. De dingen die ik in korte tijd al heb geleerd en ondervonden, mijn valkuilen en tips. Ik was mijn indrukken per dag al in gesproken berichten aan het vastleggen en nu komen daar dus praktische tips bij. Het geeft me een extra bezigheid.
Over het bruggetje een beetje verder ga ik een kleine kapel binnen waar een Japanse vrouw me op bevelende toon aanspreekt: '*You take stamp!*' Eh, oké, mevrouw! Ze begint met me mee te wandelen en vraagt honderduit. Ik ben niet *in the mood* vandaag, ik wil haar niet leren kennen en wandel dus sneller verder. Ik ben hier niemand iets verplicht. Ik stop even bij een slak die met moeite haar weg naar boven baant. *I feel you, sister.*

Nog geen uur geleden zat ik midden in het bos, nu bevind ik me ineens in een voorstad van Pamplona. Niet echt een verborgen juweel, maar dat kan aan mijn vertroebelde zicht liggen. Pelgrims worden ook niet meteen met vlag en wimpel onthaald. Ik voel me een beetje als een toerist in Venetië.
Aangekomen in Pamplona nestel ik me op een bankje op de markt en het enige wat ik weer kan doen, is wachten. Ik ben alleen en dat vind ik prima, alleen voel ik me nu ineens alleen. Het bevalt me niet. De wandelingen zijn prachtig, maar zodra je aankomt, moet je uren uitzitten tot de volgende dag. Ik vind geen aansluiting. Ik heb ook geen behoefte aan aansluiting. Ik heb behoefte aan, tja,

aan wat heb ik behoefte? Ik ben zo aan het twijfelen. Wat mis ik? Wat wil ik? Wat voelt niet goed? Is het heimwee? Is dit dan heimwee? Ik denk aan het thuisfront, maar ik heb geen heimwee. Het is niet dat ik nu daar zou willen zijn, alleen wil ik hier ook niet zijn. Ik denk aan de kostbare tijd die ik mis met mijn dierbaren. Dat is het. En ik mis een eigen plekje met mijn eigen spullen om wat in rond te rommelen. Zeker na een lange wandeling, die voor mij niet lang genoeg was. Ik ben besluiteloos. Ik ga het even aanzien tot volgende week. Vanaf dan ga ik dag voor dag boeken en kijken waar ik uitkom. Langere wandelingen, zo kom ik sneller in Santiago. Nu lijkt het nog zo ver weg. Misschien wordt het nog wel leuk.

De Camino Francés staat erom bekend dat de eerste week een fysieke uitdaging is, je het de twee volgende weken mentaal zwaar te verduren krijgt en het de laatste week een deken voor je ziel is. Bij mij is het alvast niet in deze volgorde, maar een vriend bevestigde me dat verhaal. Hij zei er nog bij dat als ze je in de derde week zouden vragen om naar China te wandelen, je daartoe in staat zou zijn en je de laatste week zo traag mogelijk zou willen stappen omdat je niet wilt dat dit avontuur eindigt. Ik hoorde alleen maar superlatieven over deze tocht. Mensen die jaloers waren op het feit dat ik vertrok. Ze waren graag in mijn plaats gegaan. Met dat idee ga ik richting mijn hotel. Ik tast naar mijn sleutels. Als brandnetels voel ik mijn boek in mijn totebag prikken.

Kijken door een roze bril of door een exemplaar met donkere glazen heeft invloed op emotie, cognitie, op het stellen, het nastreven of juist loslaten van doelen en dus ook op het volharden.
Stemmingen kunnen getriggerd worden door de omgeving, mensen, dingen, situaties, lichaamstaal, een uitspraak. Waarschijnlijk ben je zelf wel eens neerslachtig geworden van vrienden die dat ook waren. Psychologen noemen dat een sociale besmetting. Het bepaalt onbewust je stemming en je doen en laten van de verdere dag. Want in tegenstelling tot emoties zijn stemmingen moeilijk te vatten en kun je niet meteen duiden wat de oorzaak is.

Naast stemmingen wordt volharden ook bepaald door de verhalen van vrienden of mensen die eenzelfde ervaring hebben beleefd, de zogezegde ‘wauw-verhalen’. Dat is de beschikbaarheidsheuristiek of mentale vuistregel waarbij mensen de waarschijnlijkheid of frequentie van een gebeurtenis inschatten op basis van hoe gemakkelijk ze er voorbeelden of eigen verhalen aan kunnen koppelen. Het horen van succesvolle voorbeelden en positieve verhalen versterkt onze motivatie.
Als kind bijvoorbeeld fantaseer je over wat je later wilt worden: goochelaar, leraar, brandweerman, danseres... Wanneer we verhalen horen van mensen die als kind al

de dingen deden die ze later willen doen en het ook nog een succesverhaal is, doet dat ons geloven dat de weg die je daarvoor aflegt altijd succesvol is. Denk maar aan succesvolle acteurs die als kind al op de tafel sprongen op familiefeesten of die jaren in de horeca hebben gewerkt voordat ze hun eerste rol bemachtigden. Alleen zijn dat uitzonderingen op de regel en hoor je weinig of geen verhalen van degenen die hebben opgegeven en hun doel niet hebben bereikt.

Dat zorgt ervoor dat je onzeker wordt. In de confrontatie met hoe anderen tegen een ervaring of uitdaging aankijken, verschuif je dan ook je standpunt naar dat van hen. Je gaat ervan uit dat als zij het kunnen, jij het zeker ook kunt. Je gaat in een gemeenschappelijke visie geloven die zekerheid biedt en die men als norm hanteert. Denk maar aan de verhalen die je hoort over vliegtuigcrashes. Terwijl er meer mensen in het verkeer sterven dan dat er vliegtuigcrashes zijn, stellen we als norm dat meevliegen gevaarlijker is dan meerijden.

Of: 'Wie de Camino stapt, heeft het moeilijk, maar zet door en behaalt de eindmeet. Welke eindmeet je ook hebt gesteld.'

Deze verhalen, die zeggen dat het mentaal zwaar zou zijn en dat ik mezelf zou tegenkomen, onderhielden mijn volharding omdat dit wellicht mijn mentale struggle is. Dus ik verbijt het feit dat ik stap voor stap ongelukkiger word. Want het hoort er nu eenmaal bij.

DAG 4

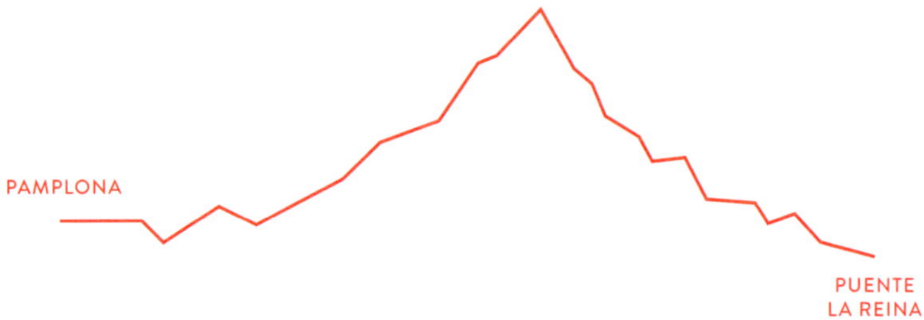

Uitgaande jeugd wandelt naar huis. Voor hen de late nacht, voor mij de vroege ochtend. Ik vertrek richting Puente La Reina.

Wanneer ik het impulsieve meisje en de praatgrage jongen tegenkom, passeer ik hen met het beleefde *'buen Camino'*. Aangezien dat 'fijne wandeling' betekent, kun je dat ook aan een dorpeling wensen die een ommetje maakt. In het begin wenste ik iedereen dat enthousiast toe.

Als ik medepelgrims al meerdere keren een *'buen Camino'* had gewenst, werd dat een soort beleefde repetitiviteit waar ik niet van hield. Ik vertoef niet graag in herhaling. Ik hou van verandering.

Ik versnel mijn ritme. Misschien vinden ze me wel zielig, dat ik zo snel ga. De vrouw die niet kan vertragen. Dat is niet wat wordt gezegd, maar wel wat ik denk dat er over me wordt gezegd. Ze zouden eens moeten weten hoe traag ik zou willen dat het leven gaat. Alleen gaan mijn benen graag recht op hun doel af.

Ik ga graag door. Ik laat graag achter. Ik ben graag incognito op de wereld. Of behoor niet graag tot een groep. Ik wil niet tot de 'pelgrimsgroep' behoren. Ik wil niet gestigmatiseerd worden tot een rol, tot een groep of tot een genre. Ik wil niet in de stam genageld worden op basis van een kenmerk, een karaktertrek of een uitspraak. Ik wil niet veralgemeend worden.
Ik ben niet 'de snelle', integendeel. Ik wil juist eens traag kunnen nadenken en niet verzeild raken in snelle praatjes. Ik ben niet 'de doorzetter', toch niet tegen beter weten in. Ik heb het label dat ik de dingen op mijn manier doe en dat is waar. Dat doe ik in alles. En dat zal ik in bepaalde situaties blijven doen. Maar waarom kan ik nu niet gewoon in de pas lopen zoals de andere pelgrims? Waarom kan ik dit nu niet gewoon leuk vinden? Dat maakt me heel verdrietig. Mijn manier van doen, waar ik anders zo trots op ben, mijn handelsmerk, is geen keuze meer, maar voelt op dit moment als een beperking.

Net zoals het wisselvallige weer vallen mijn stemmingen moeilijk consistent te noemen, maar de zon schijnt en ik ben weer in een goed humeur. Eenmaal de stad uit lijken de uitgestrekte velden hier net zoals in West-Vlaanderen. Hier kwam ik voor. Ik koop een Aquarius (dat heb ik niet meer gedaan sinds ik een kind was) en een appel. *Let's go!*

Na een steile beklimming bereik ik de heuvel van vergeving en zie ik de koperen pelgrims die ik ken uit de reisgidsen. De pelgrims behoren duidelijk tot de grote symbolen van de Camino. Een toeristenbus is gestrand en deze attractie is drukbezet. Ik wacht even en kijk door de

koperen kerels heen. In de verte zie ik de stad Pamplona, waar ik vandaan kom. Niet te geloven dat ik die afstand te voet heb afgelegd.
Op voorhand had ik gedacht daar even te rusten en wat te schetsen. Helemaal geen zin in. Ik wil door. Ik wil niet zitten, ik wil wandelen. Op het keienpad daal ik af.

Twee fijne Duitse jongeren, Mathis en Carla, wandelen even met me mee. We stoppen voor koffie en een stukje tortilla. 'Dit is het leven', zegt Mathis en ik kan alleen maar denken: waarom voel ik niet wat jij voelt? Waarom is dit 'het leven' voor jou en is het leven voor mij niet hier? Waarom voelt dit aan als een opdracht, die ik willens nillens moet vervolmaken?
Ik voel dat ik meer en meer moeite heb om me te conformeren en mijn kijk op de situatie aan te passen aan wat anderen ervaren. Ik glimlach, ook al weet ik dat dit niet is wat ik voel. Maar om niet als afwijkend of 'speciaal' gezien te worden, onderdruk ik mijn emoties, doe ik alsof en knik ik *yeah*.
Vanaf nu wordt elke foto die van me wordt gemaakt er een waar niks van afstraalt. Niet bewust, maar ik zie geen fonkel meer in mijn ogen. Die geforceerde glimlach herken ik van toen ik op de middelbare school zat en heel onzeker mijn mond dichthield, omdat ik vond dat ik lelijke tanden had. Daarbij voelde ik mezelf mannelijk en dik.
De onzekere, ongelukkige, twijfelende glimlach…
We gaan verder door velden van klaprozen en amandelbomen. Het valt me op dat ik in dagen geen podcast of muziek heb beluisterd. Geef mij maar de muziek van de natuur en de gesprekken van de vogels.

Mathis en ik bereiken na een diep gesprek over zijn verloren liefde en onze huisdieren onze bestemming. We gaan binnen bij een beeldhouwer en poseren bij een standbeeld net voor we Puente La Reina binnenwandelen. Vijftien minuten ongedwongen geluk. Dit is het leven. Tot ik zie hoe laat het is. Klokslag twaalf uur. Ik wandel naar mijn hostel, waar ik pas om twee uur binnen kan. Ik loop over de markt, heb wat T-shirts vast en besluit ze terug te hangen. Overbodig gewicht in de rugzak. En geen kleren nodig. Teruggaan naar de basis doet je inzien dat je meer bezit dan wat je nodig hebt. Ik krijg een abrikoos van de marktkramer. Gelukje van de dag. Ik besluit in een café te gaan zitten en sluit aan bij Lay, de lieve Koreaanse man die ik vanaf Zubiri een paar keer ben tegengekomen. Hij gaat verder wandelen. Ik kan me alweer voor het hoofd slaan. Waarom heb ik mijn slaapplaats al geboekt? Ik had evengoed door kunnen gaan. Daar zit ik dan. Naast luide Spanjaarden, in een dorp waar niks te verkennen valt, te wachten tot ik me kan opfrissen in mijn kamer.

Ik krijg een bericht van Matt, een van de broers. Ze zitten iets te eten en ik besluit met mijn bijna ongelezen boek bij hen te gaan zitten. Hoewel ik na al die dagen nog altijd geen honger heb, bestel ik toch een kroketje. Blijkt het geen ham, maar champignon te zijn. Ach ja, *what else*. Een cava? Hebben ze hier niet per glas. Matt en ik bestellen beiden op aanraden van de serveerster een spumante. Blijkt zo zoet te zijn als een Haribosnoepje. 'Dit is het leven', zou Mathis zeggen.

Ik wandel met de broers mee om op hun terras wat te lezen. Maar lezen doe ik niet. Ik ga in gesprek met Matt over keuzes maken. 'Ga ik voor mijn werk of voor mijn hobby?' vraagt hij. En of ik nooit bang ben. Ik ben zeker bang. Maar niet wat werk betreft. Ik twijfel wel eens aan wat wel en wat niet. En ik weet heel goed wat ik niet wil. Alleen, elke dag kunst maken is een utopie, er moet ook brood op de plank komen. Ik zeg hem dat ik mijn handen heb als er ander werk moet komen. Maar ik vertrouw erop dat ik altijd actrice en schrijfster zal blijven.

Ik vertrek en besluit mijn bijna ongelezen gescheurde boek achter te laten in het bibliotheekje van hun hostel.

Achteraf lees ik in *Iemand zijn* van Joep Dohmen dat dit toch de perfecte lectuur was geweest:

> 'De roman *Nachttrein naar Lissabon* laat zien hoe verschillende factoren en voorwaarden onherroepelijk een rol spelen in onze levensreis, maar ook dat we een beperkte speelruimte hebben om de koers ervan zelf te bepalen. Er zijn veel uitgezette sporen waarover we in een bepaalde richting rijden. Ook op de gekozen route zijn haltes en wissels, hebben we een beperkte tijd om in, uit en over te stappen. De reis ligt voor een groot deel vast, maar soms is er ineens een ernstige vertraging: de trein staat stil en je moet een omweg nemen, of besluiten om een andere weg in te slaan. Er komen verschillende betekenisvolle anderen in voor die ons nu eens steunen, dan weer ernstig storen. Intussen hebben wij de innerlijke ervaring dat we onderweg zijn, maar niet goed weten waarheen. Als de

> situatie kritiek wordt, rijst de vraag: waarom maak ik eigenlijk deze reis? Zit ik in de verkeerde trein en had ik niet allang moeten uitstappen? Dan moeten we onszelf opnieuw op het spoor komen en nagaan welk verlangen ons hierheen gebracht heeft. Hoe willen we verder en met wie?'

Ik heb er geen spijt van. Het voelt als een verlichting. Ik laat los.

Matt gaat even mee naar een tankstation om iets lekkers te halen. Hij weet het niet, maar de broers houden me op de been. Ik heb ze nodig om me te motiveren, omdat ik hun mening apprecieer, hun manier van kijken naar het leven en hoe ze naar mij kijken. Als je wilt volharden, zijn zulke mensen aan wie je je spiegelt, aan wier mening je waarde hecht, belangrijk. Zolang zij de Camino stappen, stap ik mee. Zij wandelen morgen een dorp verder dan ik. Ik heb (zucht) mijn hostel al vastgelegd. We nemen afscheid. Matt denkt voor even, ik voel voor altijd.

96

Monumento al Peregrino

L.D

'Why should I be framed? I'm never the same, but I'm always myself.'

–

Emma Watson

Prada-campagne

100

BLAUWDRUK

Ik ben niet meer wie ik vroeger was. Wij zijn al niet meer wie we gisteren waren.
Niemand valt te definiëren op basis van een jaar, een moment of een situatie.
Op 1 januari wandel ik al helemaal met een andere versie van mezelf het jaar in.
En toch hebben mensen, ook ik, de neiging om zichzelf in korte definities te omschrijven, 'de sociale', 'de artistieke', 'de introverte', 'de volharder'. Dat is soms gemakkelijker om jezelf uit te leggen. We plakken ook graag labels op anderen. Zelfs over een pasgeboren baby hoor je vaak: 'Het is een karaktertje.' Welk karakter? Is dat er al? Is ons karakter aangeboren of wordt het, zoals onze beelden, gevormd door ervaringen en onze omgeving?

Toen ik klein was en ik het leven nog moest aangaan, werd ik vaak bestempeld als 'de harde', omdat ik met een positieve ingesteldheid en mijn copingmechanisme altijd uitging van 'wat kan wel?' en mijn weg probeerde te banen door tegenslagen, over hindernissen en obstakels. Het leven dus. Ik krijg ook nog altijd het label 'de speciale of moeilijke', omdat ik 'nee' kan zeggen, mijn grenzen trek of gemakkelijk afscheid kan nemen van een project. En ik geef in een restaurant eerlijk mee wat volgende keer beter kan. Ze vroegen letterlijk of het had gesmaakt, toch?

Een label of vasthouden aan zo'n label kan ervoor zorgen dat je tegen beter weten in weigert op te geven en volhardt. Je identiteit houdt je tegen, of beter, je oude ik laat niet los.
Waarom houden we in bepaalde omstandigheden halsstarrig vast aan een label, een idee, droom of doel van toen we klein, jong of nog samen waren? Terwijl we voortdurend veranderen. Ook onze labels veranderen om de haverklap.
Zo is het niet omdat ik vroeger geen zondagskind was en het nodig had om door te zetten om iets te verkrijgen, dat dit in deze situatie nog altijd een goed label is. Misschien is het intussen een onnodig gewicht dat ik in mijn zware rugzak meedraag. En ben ik onderhand wel een zondagskind geworden, maar maak ik mezelf wijs dat ik nog steeds moet volharden om iets te verkrijgen.

De confrontatie met iets in onze omgeving prikkelt ons bewustzijn en daardoor gaan we over dingen nadenken. Daar horen bepaalde emoties en zelfconfrontaties bij. Zo krijgen we inzicht in onze persoonlijkheid en doen we aan introspectie. Als we iets bij onszelf vaststellen wat overeenkomt met hoe we willen dat het is, ervaren we een prettig gevoel en wordt ons zelfbeeld bevestigd. Botsen we echter op een discrepantie tussen de werkelijkheid en ons zelfbeeld, dan vervagen onze normen en waarden en ontstaat er spanning. Als je jezelf bijvoorbeeld ziet als eerlijk en betrouwbaar maar je tijdens een sollicitatiegesprek gedwongen voelt om te liegen over je ervaring om de job te krijgen, kan dit gedrag botsen met je zelfbeeld als eerlijke persoon. Zo hebben we de neiging deze confrontatie uit de weg te gaan of proberen we deze discrepantie aan te passen aan ons zelfbeeld, bijvoorbeeld aan de hand van zo'n label.

Dit doet me denken aan Joanna uit *Kramer vs. Kramer*, gespeeld door Meryl Streep, die besluit haar man (Dustin Hoffman) en zoon te verlaten. Natuurlijk bleef ze moeder – eens een ouder, altijd een ouder – maar zij besloot de verantwoordelijke rol van 'moeder' of 'echtgenote' los te laten om te kijken wie zij was zonder labels.

'Mijn lieve, zoete Billy: Mammie is weggegaan (...) Ik ben weggegaan omdat ik wil uitvinden wat voor boeiende dingen ik kan doen in de wereld. Dat moet iedereen voor zichzelf zien uit te vinden, ik dus ook. Jouw moeder zijn was een van de dingen, maar er is nog veel meer en ik kan nu eenmaal niet anders (...) Nu moet ik gaan en proberen mezelf te zijn.

Liefs, Mammie.'

Wie zijn we op vijftig-, zestig- of zelfs negentigjarige leeftijd? Nog altijd dezelfde persoon als toen we drie waren? Lag het label vast en nemen we dat voor altijd mee? Mijn grootmoeder had op haar tweeënnegentigste dezelfde twinkel in haar ogen als toen ze zestien was. Maar de keuzes, de tegenslagen, het leven hebben haar wel veranderd. Sowieso was ze al van positie veranderd: van kind naar echtgenote, moeder, tot (over)grootmoeder. Dat zijn ook labels, terwijl ze ook gewoon een individuele vrouw bleef met haar dromen en doelen, die op hun beurt (veronderstel ik) werden bijgesteld. Kon ik haar nog maar vragen of haar dromen nog dezelfde waren.
Word je niet pas wie je bent door te leven, open te staan voor de veranderingen die dat met zich meebrengt, te beslissen en opnieuw te beslissen?

Aangezien beeldvorming, planning en gedrag onbewust verlopen, is het belangrijk om je bewust te worden van wat er werkelijk in je omgaat, je gedrag te observeren en daaruit af te leiden wat zich afspeelt binnen in jezelf. Wanneer we zien dat we zelf veranderd zijn, kan het toch niet anders dan dat we ook onze dromen en doelen moeten herevalueren?

'If you can dream it, you can do it', zei Walt Disney. Maar het is niet omdat je het kunt, dat je het ook wilt. Of dat je er nog steeds van droomt wanneer je de mogelijkheid of de leeftijd hebt om het te doen.

DAG 5

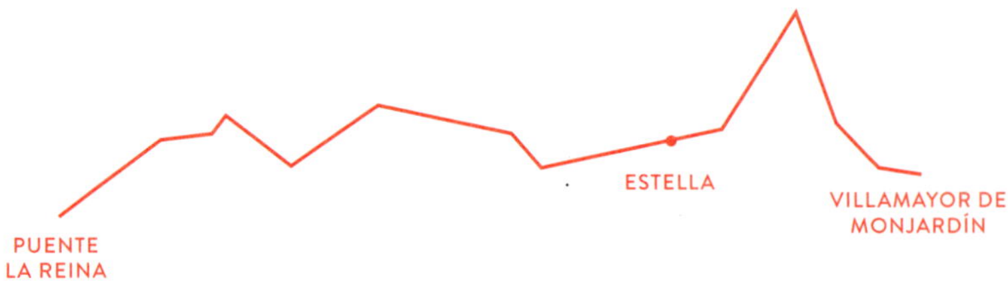

Alsof ik een ingebouwde klok heb, word ik vanzelf wakker.

Ik passeer de impulsieve Mia en de Duitse Mathis. Mia roept me na: *'There she goes, Leen, the queen.'* Wat zij niet weet, is dat ik me eerder een gefaalde Assepoester voel.
Met een andere ingesteldheid wandel ik deze dag in. Geheel onbewust, maar het voelt anders. Ik loop vaak alleen en daar geniet ik ten volle van; ook al gaan mijn gedachten van links naar rechts, mijn voeten blijven recht op hun doel af stappen.
Ik kom bij een tafeltje met knoflookbroodjes. Iemand wil ons bevoorraden, zomaar. *The Camino provides*, letterlijk. Ik neem een broodje. Daar komt de kordate Japanse vrouw. *'Take picture'*, beveelt ze me opnieuw. Ik doe wat ze zegt, ik neem een selfie en ren knabbelend weg. Dit kan toch niet de bedoeling zijn?

Ik zie een cafeetje waar iedereen stopt. Ook de broers. Maar ik besluit verder te gaan. Ik heb geen behoefte aan pauze, eerder aan vergezichten en stilte. Aangekomen in Estella, waar mijn hostel geboekt is, maak ik een sanitaire stop. Handen wassen lukt, drogen niet. Geen probleem, mijn gezicht kan wat opfrissing gebruiken.
Ik wandel door tot ik besef dat ik wat ledematen tekortkom. Mijn stokken. Mijn steun en toeverlaat. Ik ga terug, ik laat ze niet achter. Zij zwijgen en bevelen me niks.
Ik ga niet in Estella overnachten, ik wil hier zelfs niet lunchen, want mijn maag mort nog altijd niet om eten. Ik besluit door te wandelen naar het volgende dorp. Ik whatsapp een herberg waar ik terechtkan. *Yes!* Dit kan ik. Wat een goed besluit heb ik genomen. Ik voel me stoer en autonoom. Niet afhankelijk en volledig vrij.

Ik kom Simas uit Litouwen tegen. Ik zeg trots en met een oprechte glimlach dat ik verder ga wandelen vandaag. Hij blijkbaar ook. Nog een dorpje verder. Dat klinkt aanlokkelijk. Ik denk weer aan mijn broer: 'Het is geen wedstrijd, Leen.' Dat weet ik, broer, maar verder is goed, verder weg is dichter bij Santiago. Ik wil geen tijd verspillen en wat anderen kunnen, kan ik ook. Belachelijk die gedachte, dat weet ik ook wel, maar ik kan het niet loslaten. Ik wil aan het einde van de dag het gevoel hebben dat ik mijn tijd zinvol heb ingevuld. En als ik dat niet doe, dreig ik mijn motivatie te verliezen. Ook al is dit geen wedstrijd en ben ik niet in competitie met anderen, ik ben altijd in competitie met mezelf. Ik kan dit toch? Ik ga dit toch afmaken? Ik ga toch niet aan iedereen vertellen dat dit me niet gelukt is?

DAG 5

Ik annuleer de andere herberg. Met mijn stokken onder mijn oksels, want om te appen ga ik niet stoppen met stappen.

Wanneer we dreigen ons doel niet te bereiken of wanneer het al reddeloos verloren is, neemt onze betrokkenheid toe. Ook wanneer er slechte feedback komt, willen we toch bewijzen dat we het kunnen en groeit het engagement om te volharden.

Bij het volharden zullen de waarde en de mate van verwachting doorwegen. Zeker wanneer er struggles zijn, zal de waarde van het doel stijgen. Wat onbereikbaar is, lijkt waardevoller.

We worden optimistisch, wat goed is om door te zetten, alleen kan het neigen naar 'te' optimistisch en dus niet meer realistisch. Omdat onze hersenen geprogrammeerd zijn op volharden, vernauwt onze blik en kunnen we zelf niet goed inschatten of ons doel wel haalbaar is, of we wel voldoende vaardigheden hebben om dat doel te bereiken. Daarom gaan we onze capaciteiten met die van anderen vergelijken en onszelf hoger inschatten of overschatten, zelfs als we ergens niet bijzonder goed in zijn. We maken geen gebruik van eerdere ervaringen om te bedenken wat de uitkomst zal zijn. Dat is wat ze denkbeeldige superioriteit noemen.
Opgeven wordt hierbij gezien als een allerlaatste strohalm.

Het ene moment wil ik naar huis, het andere moment wil ik doorzetten en dit afmaken. Vijf minuten later wil ik mensen om me heen met wie ik deze weg kan afleggen en weer wat later dwaalt er 'ik doe dit alleen' door mijn hoofd.

Elke stap richting Villamayor de Monjardín brengt een ander gevoel. Ik weet het allemaal even niet zo goed. Compostella stond al zo lang op mijn bucketlist. Ik zag anderen vertrekken en keek telkens met een hunkerende jaloezie. Waarom het dan niet gebeurde? Omstandigheden, werk, familie, geld… leven.

Alles is timing. Maar het idee ontsnapte niet meer uit mijn hoofd en telkens als ik eraan dacht, maakte het me blij. Het idee werd zelfs aanlokkelijker, romantischer. Het ging van een doel naar een droom. Waarom? Geen idee. Ik weet niet meer wat mijn doel al die jaren geleden was. Maar wat ik wel weet, is dat het uit mijn binnenste kwam. Alleen, mijn doel is gaandeweg de wandeling ook veranderd. Het blijkt steeds minder te zijn wat ik ervan had verwacht. Mijn doel waarmee ik dit avontuur begon, het zoeken naar ontspanning, veranderde in het bereiken van Santiago of op een dag verder wandelen dan anderen. Het ging van intrinsiek naar extrinsiek. En mijn motivatie bleef daartussen hangen.

Santiago de Compostella is een succesvol doel: je krijgt er schouderklopjes, knuffels, stempels en uiteindelijk zelfs een certificaat voor. En als je thuiskomt na zoveel weken, is iedereen blij je terug te zien. Je hebt niet opgegeven, je hebt doorgezet en je hebt het gehaald. Alsof je goud hebt gewonnen op de Olympische Spelen. Hoewel ik me leeg en ongelukkig voel, blijf ik daarom een persoonlijke en culturele druk voelen om die eindmeet alsnog te halen. Rust vind ik niet, dus kan ik evengoed voor goud gaan. En door dat doel voor ogen te houden kan ik aan niks anders meer denken, heb ik geen oog meer voor de schoonheid, de verrassingen en het moment zelf.

Tijden veranderen, mensen veranderen, ik ben veranderd. Opgegroeid tot een volwassen vrouw. Alleen heb ik het er wel moeilijk mee. Want zelfs nu ik weet dat ik hier niet gelukkig van word, kan ik me niet van de gedachte ontdoen dat dit me in een andere periode wel had vervuld of zal vervullen. Het verschuiven van een intrinsiek naar een extrinsiek doel zal invloed hebben op mijn beslissing om door te gaan of op te geven.

Ik besluit, terwijl ik de straat oversteek, dat ik morgen zal beslissen. Dat ik altijd de volgende dag zal beslissen of ik ga vertrekken of niet. Ik kan altijd naar huis.
Mantra nummer drie: *the only way to go home is to go on.*

‘Vaak begin je aan iets wat je ergens anders brengt. Het kan door een inzicht komen of door iemand die je ontmoet.’

—

Reinout Oerlemans

Nu ik je zie

DROMEN GROEIEN

Wanneer we klein zijn, dromen we op de achterbank van de auto over later. Maar naarmate we opgroeien, verandert niet alleen onze positie in de auto, maar veranderen ook onze dromen. Dromen groeien eveneens, of wij ontgroeien de dromen. Zijn die dromen onze dromen niet meer. Als we veranderen, verandert de wereld, hoe die is, maar ook hoe we de wereld zien, wat we ervan verwachten en erin nastreven. Wat maakt ons intrinsiek gelukkig? Dat is de vraag.

De onderlinge samenhang tussen doelen verandert en botst met die vraag en met nieuwe prioriteiten naarmate je leven vordert. Dromen en doelen hebben een update nodig. Denk even na: wat was ooit de beweegreden van je doel, waar werd je blij van? Is dat nog hetzelfde? Misschien niet, want volharden om die doelen te behalen lukt je minder goed. Je dromen voldoen niet meer. Dat is oké, want zoals eerder gezegd is je blauwdruk niet meer hetzelfde. Houd daarom niet per se vast aan een kinderdroom. Of haal juist wel die kinderdroom weer uit de speelgoedkist wanneer die je in je volwassen leven weer doet opleven. Of wanneer je al die jaren hebt genegeerd wat je ongelukkig maakte en aan je basisbehoeften voorbij bent gegaan. Het vraagt je om je bewust te zijn van waar je behoefte aan hebt tijdens die voortdurende verandering.

Dat bewustzijn vraagt echter tijd, inspanning en een behoorlijke dosis strategie. Het zou fijn zijn te geloven dat wij de baas zijn van ons eigen leven, onze beslissingen, onze keuzes. Alleen neemt ons brein ons vaak in de maling. Zodra we ons doel voor ogen hebben, is het moeilijk om in gedachten om te schakelen. Wie zich op het ene doel focust, wordt blind voor de rest, ook al is die rest overduidelijk aanwezig. Dat noemen ze selectieve onoplettendheid.

Een voorbeeld hiervan is een experiment uit de jaren negentig van Harvardonderzoekers Daniel J. Simons en Christopher F. Chabris. Ze maakten een video-opname van twee groepen studenten die een oranje basketbal naar elkaar gooien. De ene groep was in het zwart gekleed, de andere in het wit. Halverwege de video liep er gedurende 9 seconden een als gorilla verklede vrouw door de groep. Ze keek in de camera, roffelde op haar borst en verdween weer. Ze vroegen aan de studenten om deze video te bekijken en te tellen hoe vaak ze de bal naar elkaar gooiden. Nadien vroegen ze of ze iets hadden opgemerkt. De helft van de deelnemers had de gorilla niet gezien.

We kunnen zodanig bezig zijn met een doel dat we de rest niet meer zien. Dat als we proberen iets níét te denken, juist die gedachte voortdurend door ons hoofd schiet. Dat zegt iets over ons vermogen tot multitasking. Ons brein is namelijk niet in staat om de grote hoeveelheden prikkels die onze zintuigen aanreiken te verwerken.

De onzichtbare gorilla is een waardevolle metafoor voor wat er kan gebeuren wanneer mensen vastberaden op een doel afstormen.
Het blijft echter wel vreemd dat we niet weten waarom we denken wat we denken en nog vreemder dat we weinig idee hebben van wat ons gelukkig maakt en wat niet. Doelen kunnen zich immers gedragen alsof ze zelf gekozen zijn.
Vervang het niet opmerken van de gorilla door blind zijn voor signalen bij relationele spanningen, door het doel dat verder weg lijkt. En vervang het tellen van de bal en je vastbijten in iets waardoor je voor de rest blind wordt door een doel dat van jou wel een gelukkig mens kan maken, en de gorilla komt stilletjesaan tevoorschijn. Hetzelfde geldt voor de overtuiging dat jij details opmerkt en situaties juist beoordeelt, want daardoor zie je andere aspecten van het nastreven van doelen niet meer. Weten dat die gorilla er kan zijn, ook al zie je hem niet, is een eerste stap op weg naar zelfcorrectie. Zodra je beseft dat die automatische processen er zijn, heb je meer controle over je eigen leven.

Klinkt als muziek in de oren, toch? Daarom is kennis van die selectieve onoplettendheid en het waarnemen van verandering nuttig, vooral bij het nastreven van doelen.

'It's like ten thousand spoons when all you need is a knife.'

—

Alanis Morissette

Ironic

In de verte zie ik in grote letters I R A C H E; daar is de beruchte wijnfontein, oftewel een muurtje met twee kranen. Water is voor later, ik hang mijn mond onder de eerste kraan en drink van de slechte roze wijn. Iedereen doet het, zo hoort het.
Dit doel heb ik alvast behaald. Verder.

Ik praat al dagen hardop tegen mezelf, in het West-Vlaams. Je kunt het meisje uit West-Vlaanderen halen, maar West-Vlaanderen niet uit het meisje. Zeker wanneer diepgewortelde emoties de kop opsteken. Ik vertel mezelf hoe heerlijk dit paadje in het bos is. Waauw! Helemaal alleen. Heel af en toe wat mountainbikers en wandelende dorpelingen met hun hond die me motiveren. Geen bekende pelgrims. *Just me.* Ik ben niet bezig met een doel, ik ruik de natte bomen, baan me een weg met mijn stokken op het platgetreden paadje en zie alleen groen, afgrond en vergezichten. Heerlijk.
Ik pak mijn telefoon om te zien hoelang ik nog moet stappen tot mijn herberg. Terug naar de realiteit. Er zijn twee Camino-routes. En dit is helemaal niet mijn route.
Van de 'waauws' in mijn hoofd gaat het naar 'sh*t', 'p*s', 'k*k' en andere lichaamssappen. Wat te doen? Ga ik verder? Hoelang zal ik er dan over doen? En wat kan ik verwachten van de weg? Bergop? Bergaf? Stad? Ik heb werkelijk geen idee. Ik keer terug. De weg terug leg ik sneller af. Ik kom twee oudere dames tegen die me zeggen dat ze naar Los Arcos gaan, de volgende stad, die 10 kilometer verder ligt. Moet ik dat ook doen? Wandel ik met hen mee?

Nee, ik heb een herberg geboekt in een dorpje met de mooie naam Villamayor de Monjardín, en daar ga ik naartoe. Ik keer terug. Ik kom bij de splitsing waar ik had moeten afslaan. Daar zie ik Lay en een Spaanse jongeman, Robert. Ze gaan naar Los Arcos. Gaat iedereen naar die stad? Wat wordt mijn bestemming vandaag? Ik wandel even met hen mee en spreek uit hoe stressvol ik het vind en dat ik er helemaal niet van geniet. Het bewandelen van de foute route in het bos daarnet was zowat het meest behaaglijke dat ik de voorbije dagen heb beleefd. Tot ik bezig was met het doel, was ik gewoon aan het genieten van het wandelen. Zodra mijn doel ergens anders lag en ik dus terug moest, kwamen de belemmerende angst en de frustratie terug.

En ik vertel Robert dat ik niet weet waarom ik dit blijf doen, dat mijn verwachtingen niet worden ingelost en dat ik kostbare alleentijd mis en tijd met mijn man. 'Je hoeft dit niet vol te houden', zegt hij.

'Als ik nu naar huis zou willen,' hoor ik mezelf plots vragen, 'wat zou ik dan moeten doen?' Er ging geen twijfel aan vooraf, geen doordachtheid, alleen een opeenstapeling van gevoelens die ik na al die dagen had bereikt. Het is een concreet idee. Het is genoeg. Het is klaar. Ik kan de schijn niet meer ophouden. Ik wil niet meer. Het is gedaan. Hoe waauw de verhalen van anderen ook zijn, hoeveel ik ook investeer en hoe ik ook probeer te volharden. Dit is niet wat me gelukkig stemt.

De stem van anderen weergalmt in mijn hoofd: 'Als je in het leven alleen maar zou doen wat je gelukkig maakt...' Daar streef ik naar, ja. Daar blijf ik wel in volharden, het streven naar geluk.

Het is lastig naar boven, maar het fysieke deert me niet. Robert laat me achter en ik zie na een beklimming drie mensen naar een soort wensput kijken. Ik kijk in diezelfde put en het kan me niet deren. Al lag er goud in, het enthousiasmeert me niet.

Bij gebrek aan een therapeut, met behoefte aan een gesprek en misschien extra bevestiging voor de beslissing die ik net heb genomen, vraag ik waar ze vandaan komen. Het blijken Belgen, West- en Oost-Vlamingen.

Ze herkennen me van *den teevee*. Ik wilde me onbekend en anoniem door de uitzichten plaveien, maar ik trek mijn schouders op. Het tranendal barst open. Het kan me niet schelen dat ze me kennen. Ik ben een mens met sterktes, maar ook en zeker nu met mijn kwetsbaarheden. Ik houd de woorden *what happens on the Camino, stays on the Camino* voor mezelf. De ene vrouw huilt met me mee: 'Als het niets voor jou is, hoef je het niet te doen, meisje. Ieder heeft zijn pad te gaan en als jij naar huis moet, dan moet je naar huis.'

We stappen wat verder, nemen een foto samen en ik wandel 100 meter mijn herberg tegemoet in Villamayor de Monjardín. Simas, de Litouwse jongen die me deze plek had aangeraden, zit met zijn pijnlijke voeten in een zoutbad. Dat dit geen slechte bestemming kan zijn, gaat samen met een overvloed aan andere gedachten door mijn hoofd. Een en al chaos in mijn brein, terwijl ik dat net wilde leegmaken tijdens deze trip. Een blonde man aan de deur verwelkomt me vrolijk: *'Tired but fulfilled Pelgrim.'* Ik schud van niet. Hij wandelt me tegemoet met open armen en ik val er huilend in.

Einde loopwedstrijd, de meet behaald, geen goud.

Hij blijkt een Nederlander te zijn. Ik ben zo blij dat ik weer mijn eigen taal kan spreken. Het vraagt energie om altijd maar in het Engels te moeten praten. Zeker als ook de rest je letterlijk en figuurlijk energie kost. Hij wil me overtuigen, maar besluit naar me te luisteren. Ik blijf bij mijn standpunt en hij helpt me de volgende morgen om te vertrekken. Ook Simas probeert me nog over te halen.
Maar mijn vliegtuig is geboekt. Pech voor de komende vier slaapplaatsen die ik heb vastgelegd.
'Ik zal niet vragen hoeveel dat heeft gekost', zegt hij. Ja, ik had een investering gedaan. Ik had spullen gekocht, was bijna abonnee bij booking.com, had mijn treinreis betaald… En ik ging tijdens de wandeling investeren in nieuwe en meer slaapplaatsen om er toch zeker van te zijn dat ik verder zou gaan. Daardoor kon ik niet meer terug, stond mijn planning vast en moest ik wel volharden. Daarnaast had ik ook investeringen gedaan in de voorbereiding. Gestructureerd als ik ben, was ik maanden van tevoren mijn perfecte rugzak aan het samenstellen. Tot het goed was en hij klaar was om op de rug te binden. Niks te weinig, niks te veel.
Maar ik had niet alleen op het gebied van geld geïnvesteerd. Ik had boeken gelezen en jarenlang nagedacht en gedroomd over de Camino en gepraat met mensen die me waren voorgegaan. Ik antwoord Simas dat het me niet meer zal hebben gekost dan wanneer ik mijn trip zou vervolmaken.
En wat kost geluk? Wat is geld als het je veilig brengt naar daar waar je het goed hebt?

'Want ik wist door een keuze verloren
Ieder ander verlokkend bestaan.
Ik heb dan ook niets verkoren,
Maar het leven is voortgegaan.'

—

J.C. Bloem

Aanvaarding

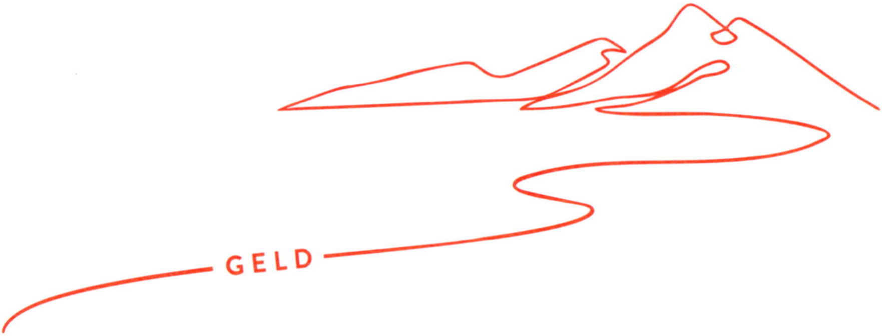

GELD

Ik nam voor de eerste keer het vliegtuig toen ik twintig was. En tot die busreis met het ziekenfonds was ik als kind nooit op reis geweest. Dat was financieel niet mogelijk. Maar dat kon de zomerdagen niet overschaduwen. Ik was als kind evenzeer blij met mijn kleine opgeblazen zwembad en kon perfect genieten van de schommel en putten graven in de tuin.

Geld is levensnoodzakelijk, maar helaas niet voor iedereen voorhanden of gelijk verdeeld. Ik denk dat we het er daarom over eens kunnen zijn dat je het geld niet door ramen en deuren moet gooien. Je kunt materieel gezien meer wanneer je geld hebt. Is het daardoor beter? Nee! Vervult het meer? Nee. En gezondheid en liefde kun je er nog altijd niet van kopen. Het brengt je geen geluk, wel gemak. Ik weet dat als je geen of weinig geld hebt, je er heel anders naar kijkt dan wanneer je in weelde leeft. En dan is er nog van alles daartussenin. De perceptie van en je relatie met geld doen ertoe.

Als student had ik deze uitgaven natuurlijk erger gevonden dan nu. Simas dacht wellicht aan wat hij allemaal met het geld had kunnen doen en dat snap ik helemaal. Iemand die in armoede is opgegroeid, denkt aan wat het goedkoopste beleg is voor op de boterham, niet aan welk paar schoenen hij mee moet nemen op reis.

Geld bepaalt hoe we leven, werken en met elkaar omgaan. In veel culturen is geld ook sterk verbonden met sociale status en persoonlijke identiteit. Niemand is slimmer of dommer dan de ander, maar iedereen beschikt wel over andere informatie wat die waardevolle briefjes betreft. Geld is vaak gekoppeld aan financiële stabiliteit en zekerheid en is een directe en tastbare maatstaf van waarde.

Juist omdat geld tastbaar is en je het op je rekening kunt zien, weet je exact wat je hebt geïnvesteerd. Dat maakt het verlies ervan moeilijk. Je had namelijk ook andere dingen met het geld kunnen doen, en nu is het verdwenen omdat je er niets voor in ruil krijgt. Je geeft toch liever vijftig euro aan schoenen dan aan een boete, niet?
We hebben met andere woorden een natuurlijke afkeer van verlies. Daarom zijn we, wanneer we kansen moeten afwegen, niet in staat om neutraal te oordelen.
We zijn eerder bereid risico's te nemen om verlies te vermijden dan om een overwinning te behalen. Verlies is in onze ogen zwakte en een deuk in ons ego. We zijn te trots. We willen niet accepteren dat eerdere investeringen verloren zijn gegaan en we hopen vaak dat ze, door door te zetten, uiteindelijk zullen lonen.

Daarom is geld de koning van volharden en de hindernis van opgeven. Het is de drogreden van de verloren investering. We doen een beroep op deze drogreden wanneer investeringen in een bepaalde situatie bepalend zijn voor de beslissing om door te gaan of niet.
Als we daarbij ergens veel tijd en moeite in hebben gestoken, raken we er emotioneel aan gehecht. Het loslaten van deze inspanningen kan voelen alsof we eerdere inzet en hoop laten varen, wat emotioneel pijnlijk kan zijn. Wanneer we geld uitgeven aan iets, geloven we graag dat we een goede beslissing hebben genomen. Opgeven zou betekenen dat we moeten toegeven dat onze beslissing verkeerd was.

Mijn beslissing was niet verkeerd. Niet om te starten met dit avontuur, noch om te stoppen. Mijn investeringen waren stuk voor stuk goedkoop, maar natuurlijk vond ik het vervelend als ik een boeking niet meer kon terugvorderen. Maar ik kocht er ruimte, vrijheid en een gelukkig gevoel mee. Wat ik tegen Simas zei, klopt: 'De volledige trip had me meer gekost.' Daarbij heb ik, eenmaal thuis, nieuw werk kunnen verzilveren en ben ik dit boek gaan schrijven.
Is mijn geld dan verkwist?

130 Als geld je geluk en veiligheid kan bieden, moeten we dan zomaar meezwemmen met de stroom van verwachtingen? Blijf je voor geld in een onveilige relatie omdat je je huis hebt verbouwd? Omdat jullie samen in de zaak zitten? Omdat deze job beter betaalt dan je passie?

Nee, het is niet zo simpel, dat weet ik maar al te goed. Ik weet dat je in bepaalde situaties geld helaas moet laten overheersen. En dan kun je misschien niet anders dan blijven. Maar als je de keuze hebt, áls je de keuze hebt, kies dan alsjeblieft voor je welzijn. Dat is onbetaalbaar.

HET OPGEVEN VAN EEN GEHAAST LEVEN

Kim, 45 jaar

Mijn vrouw en ik waren zelfstandige harde werkers, het geld kwam goed binnen, we hadden een mooi huis, we hielden van ons werk, dus gingen we gewoon door met het halen van deadlines. Niet van 'nine to five', maar van 's ochtends tot 's nachts. Het was ook allesbehalve gezond hoe we toen met onze zoon omgingen. Het moest allemaal snel gebeuren: snel naar school, snel klaarmaken, snel spelen. Toen trok ik dat bestaan of hoe wij met de dingen omgingen niet in twijfel, tot mijn gezondheid me parten begon te spelen.

Onhoudbare hoofdpijn, een constant trommelgeluid in mijn oor, misselijkheid, evenwicht dat me niet goed meer kon dragen, het gevoel flauw te vallen. Het waren enkele van de symptomen die op dat moment mijn leven beheersten en die ik heb laten onderzoeken. Tijdens het wachten op resultaten ben ik het heel extreem 'rustig aan' gaan doen. Ik ging me inschrijven bij een mindfulnesscoach, deed aan acupunctuur, pilates… Na een paar maanden kreeg ik te horen dat het niet ging om iets levensbedreigends zoals een tumor of iets dergelijks, maar om stress. Ik stevende af op een burn-out. Zo erg zelfs dat de dokter me waarschuwde voor een hersenbloeding of hartaanval als ik zo zou doorgaan.

We woonden toen twee jaar in ons prachtige huis, ik had fantastisch werk, een heel fijn kind, we hadden de mogelijkheid om op vakantie te gaan wanneer we daar zin in hadden. Kortom, een gouden kooi. Want we moesten blijven werken om ons huis af te betalen. We konden het ons niet permitteren om werk te weigeren, ook al lag het niet in de lijn van onze ambitie, en we konden niet zomaar een andere richting uit gaan. Onderhuids speelden die gevoelens bij ons beiden, we praatten er geregeld over, alleen zagen we niet meteen een uitweg.

Aangezien we zelfstandig waren en nog altijd zijn, was het ook geen optie om met ziekteverlof te gaan. Tot ik op een dag naar een makelaarssite surfte en de oplossing zag: ons huis verkopen. En daarbij kwam de optie om een tijd op reis te gaan. Dat was allang onze droom. Aangezien mijn vrouw ook niet gelukkig was met de haastige manier waarop wij ons leven leidden, was ze er meteen voor in.

Het was niet de eerste keer dat ik een radicale beslissing nam. Elke beslissing die ik heb genomen, elke keer ik iets opgaf, was een upgrade van mijn leven. Mijn lichaam uit het als ik te veel volhard in iets waarvan ik niet gelukkig word. Ik leef heel erg met mijn buikgevoel. Dat is een tikkende tijdbom.

Ik denk weinig na over wat andere mensen zullen zeggen of denken. Ook niet over hoe ik de dingen ga verwoorden. Als ik met iets zit, moet dat er gewoon uit. Onze ouders wisten het als eersten. Ik heb ooit een carrièreswitch gemaakt en een relatie verbroken met iemand met wie ik net een huis had gebouwd, dus heel vreemd vonden ze het niet. Ze waren zelfs eerder opgelucht, omdat ze me voortdurend tegen mijn grenzen zagen opbotsen.

Anderen maakten echter wel hun eigen verhaal over onze situatie. Ten eerste gaven ze ons advies over hoe we zouden kunnen volharden. Ze gaven de optie om het huis te verhuren of een kortere reis te maken. Of ze wilden onze investering veiligstellen en begonnen onze rekening op te maken. Meteen maakten ze ook van ons huis ons droomhuis en van onze reis een wereldreis. Terwijl wij nooit hadden uitgesproken hoelang we weg zouden blijven. Wij wilden geen grenzen en geen plan. Het kon een jaar zijn, maar evengoed een paar weken. Wat mensen dan ook weer vreemd vonden, want 'waarom zou je een huis verkopen om amper een paar weken weg te zijn?'.

Mensen maken graag een clichéverhaal, gebaseerd op hun verwachtingen, waarbij ze ervan uitgaan dat wij daar dan ook aan zullen voldoen.

Voor ons waren het grote stappen: tijdelijk stoppen met ons werk, ons huis verkopen, financieel een paar stappen achteruitzetten en in de toekomst minder werklast op ons nemen. Maar dat stoorde me niet. Wat me echter wel stoorde, was dat ik me in de loop der jaren, doordat ik steeds veranderde, had losgerukt van dergelijke opmerkingen en nu ineens terug in de wensput van verwachtingen werd geduwd. Mensen hebben blijkbaar behoefte aan het uiten van hun mening over onze beslissing. Wij moesten dan ook voortdurend dezelfde argumentatie herhalen.

Als deze reacties er niet waren geweest, was het hele proces veel gemakkelijker verlopen, want praktisch ging alles helemaal goed. We sloegen onze inboedel op, werkten onze deadlines af en startten onze reis met de camper. Ik had me laten beïnvloeden door de Instagramcultuur en zag het romantische van de trip, alleen zijn heel veel dingen die erbij komen kijken niet romantisch, zoals het weer, het vinden van een camping of staanplaats, het halen van water, het vinden van een winkel. Daarbij zagen wij het ongeplande en back to basics-idee als een roze wolk. We werden namelijk niet gelukkig van dat vrije. Wij vinken graag iets af. We hebben altijd een doel nodig. Bovendien hadden we een klein kind met wie we rekening moesten houden, want er was geen structuur en ook hij moest zich goed voelen in dit leven dat wij voor hem hadden gekozen. Natuurlijk waren er mooie plekken en musea die we bezochten. Maar in plaats van drie dagen in de natuur te vertoeven om een boek te lezen, waren we voortdurend aan het organiseren om zeker ons ding te kunnen doen en onderdrukten we onze ergernis.

Ik miste het bijvoorbeeld om elke dag uitgebreid te kunnen koken. Ingrediënten waren moeilijk te vinden, we hadden maar twee gaspitten in onze camper en we wilden niet elke dag op een terras zitten.

Na week twee voelden we ergens al dat het niks voor ons was. Alleen dachten we dat het een fase van ontstressen was en dat we moesten leren leven in het nu en ontspannen zonder plan.

We zochten voortdurend een oplossing voor ons onbehagen. We reden naar een andere plaats, op zoek naar bezienswaardigheden, hopten van stad naar natuur, verlegden de aandacht naar onze zoon en naar dingen om hem te entertainen. Aangezien we als ouders gewend zijn om onszelf op de tweede plaats te zetten en de behoeften van onze zoon eerst te zien, dachten we dat we daardoor onze ongelukkige kern niet goed konden aanvoelen. En door het harde werken al die jaren stonden we zo ver van onszelf af, dat we intrinsiek niet meer aanvoelden wat ons gelukkig maakte.

Tegelijkertijd ging mijn gezondheid erop vooruit, op dat vlak werd ik door de reis wel beloond. Door dat positieve effect zag ik geen reden om op te geven.

Pas na drie maanden beseften we dat we al die tijd aan het volharden waren en dat dit niet was waar we in konden blijven gedijen. We zaten in een koffiebar toen ik mijn vrouw vroeg hoeveel terrassen we nog gingen doen en hoeveel musea we nog zouden bezoeken. 'Zouden we niet teruggaan?' Mijn vrouw was meteen akkoord en dat zei veel over hoe we ons voelden.

Een paar dagen later waren we terug in België. We hebben onze ouders ingelicht en zijn verder in stilte geland om geen meningen van anderen te hoeven horen. Die had ik voldoende gehoord vóór onze reis, maar ook tijdens onze reis hadden mensen een idee van hoe onze trip eruit moest zien. Zelfs via sociale media moesten mensen zo nodig hun mening spuien over onze outfits en locaties. Want ergens leeft in de samenleving het idee dat een wereldreis maken oké is als je je huis verhuurt, als je een route hebt uitgestippeld met nodige data, als je voortdurend de natuur in trekt, als je elke dag dezelfde cargobroek met rits aantrekt, als je je kind op voorhand voldoende inlicht en thuisstudie geeft en als je bij thuiskomst ook perfect weet hoe je je leven weer zult oppikken.

Overal en te allen tijde waren er verwachtingen. Aan de verwachtingen van na onze reis had ik allesbehalve behoefte. Ook niet om me te verantwoorden. Daarna mocht ik uiteraard wel horen dat mensen al dachten dat het niks voor ons was.

We hebben snel een ander, kleiner huis gekocht en leven nu trager. Ik geniet ervan om mijn huis schoon te maken en pilates te doen. Dat wist ik al, maar de reis was broodnodig om het ook echt uit te voeren. Het heeft ons doen ontdekken dat we vaker 'nee' moeten zeggen tegen opdrachtgevers en meer voorrang moeten geven aan wat wij willen verwezenlijken. Dat goed goed genoeg is, dat we werk moeten opgeven, eerder dan ons privéleven, dat iets doen niet per se in werk maar ook in andere dingen kan zitten, zoals sporten, uitdagingen, knutselen, koken, inrichten…

Van tevoren dachten we dat we 'het' op een dag zouden vinden: het leven dat we willen leiden, de plek waar we willen wonen, het werk dat we willen doen. Mede door sociale verwachtingen is dat idee erin gestampt: 'Op een dag vind je de job/de liefde/het huis van je dromen en dan…' Maar al reizend beseften we dat wij niet de mensen zijn om 'het' te vinden, hooguit 'het voor de komende tijd'. Ons ding is dat we in ons leven heel veel verschillende levens willen leiden: in de stad wonen maar ook in de natuur, verschillende jobs uitoefenen, tijdelijke hobby's en passies verkennen, wie weet wel in verschillende landen wonen. Sindsdien verkondigen we het zo aan mensen en zijn we bevrijd van lastige/oordelende vragen en verwachtingen. Zo zijn we ook minder rusteloos, maar kijken we eerder uit naar elke nieuwe droom en elk nieuw project.
Er is nu een conclusie en over drie jaar zal er een andere conclusie zijn. Tot die conclusie zijn we gekomen.

'Hadden we niet beter een andere reis kunnen maken of hadden we niet wat langer moeten volhouden?' zijn de vragen die af en toe komen bovendrijven. Maar toen was ik niet wie ik nu ben. Ja, nu zou ik het anders doen, omdat ik anders in het leven sta. Ik heb andere inzichten verworven, ik ken mezelf beter. De reis heeft ons gemaakt tot wie we nu zijn.

Door niet verder te reizen of, volgens de maatschappij, 'op te geven' zijn we als mens wel verder gekomen. Ik heb nu het gevoel dat ik in het meest juiste leven mogelijk zit.

De herberg in Villamayor de Monjardín staat bekend als 'die van de Nederlanders'. Het is de beste herberg waar ik kon eindigen. En blijkbaar een uitzondering.
Ik bestel wat nacho's en blijf uren op het hoekje zitten waar ik ben gestrand, tot de hemel besluit met me mee te huilen. Ik besluit mijn bed op te maken en te douchen. Ik eet met Simas, de Ierse Robin, een Franse dame en de Nederlandse David die daar als pelgrim ooit is terechtgekomen en nooit meer is weggegaan. Ook hij heeft Compostella nooit gezien. Ik vertoef in een leuke groep van vriendelijke en behulpzame mensen, en probeer te genieten van de zelfgemaakte lasagne en een glaasje wijn. Maar de eetzaal is lawaaiig. Er zijn te veel prikkels. De reden waarom ik in eerste instantie geen herbergen wilde boeken. Maar wat ik ook boekte, hostel, herberg of hotel, het was niet mijn bed, niet mijn huis, niet mijn man.
Ik ga me voorbereiden op mijn vertrek en kruip mijn bed in. Bij het openen van mijn slaapzak begeeft de rits het. 'Kan geen toeval zijn', hoor ik de Nederlandse Myriam zeggen.
Zij heeft het uitgemaakt met haar vriend voor ze vertrok. Hij had net de diagnose van terminale kanker gekregen, alleen was hij niet goed voor haar. 'Moest ik dan blijven uit medelijden?' vraagt ze me zonder een antwoord te verwachten. Ze vertrok en wist met welk oordeel ze elke dag zou moeten lopen. Want mensen vormen altijd een beeld en hebben steeds een verwachting.

HET OPGEVEN VAN EEN HUWELIJK

Marianne, 50 jaar

Ik bevond me in een toxische relatie die al vanaf onze eerste date op leugens gebaseerd was. Na amper twee maanden dacht ik: dit loopt niet goed af, en stond ik al op het punt om de relatie niet voort te zetten. Door zijn charmes in de strijd te gooien kon hij me echter overhalen verder in het avontuur te stappen. Drie weken voor onze trouwdag twijfelde ik enorm omdat hij me verschillende keren had bedrogen. Maar de uitnodigingen waren verstuurd, de locatie lag vast: wat zouden de mensen zeggen?
Bij de zwangerschap van mijn jongste dochter wilde ik wederom de stekker eruit trekken. Maar toen waren we aan het verbouwen en van mijn omgeving kreeg ik te horen dat het geen optie was en ik moest volharden. Ik wilde mijn kinderen op een stressloze manier grootbrengen, maar als moeder kostte het me elke keer energie om de relatie te ontkrachten, te ontzenuwen. Welke beslissing ik ook nam, er hingen consequenties aan vast. Ik had daarbij altijd de hoop dat het wel goed kwam, omdat er ook fijne momenten waren tussen ons waar ik me aan optrok. Er was nog passie, er waren kinderen, we hadden een dak boven ons hoofd, onze carrières liepen goed. Een gouden kooi maakt het moeilijker om iets op te geven.

Dus ik bleef volharden en moeite doen om het bespreekbaar te maken en naar oplossingen te zoeken. Ik ging zelfs naar de psycholoog omdat ik dacht dat het probleem bij mij lag.
Een relatie beëindigen is nooit onbezoedeld, maar ik wilde het met schone handen doen en alles zo netjes mogelijk achterlaten. Ik moest alles geprobeerd hebben om ons huwelijk te redden voordat ik zou vertrekken. Zodat het opgeven weloverwogen zou gebeuren. Dat weloverwogen opgeven zit in de kleine dingen. Twee jaar voor de scheiding had ik mijn geld uit onze zaak gehaald en een jaar voor de scheiding had ik al mijn trouwring permanent op mijn nachtkastje laten liggen.

Het echte opgeven gebeurde op een avond waarop hij op stap was en ik mezelf bekeek in de spiegel: is dit het beeld dat ik mijn dochters wil meegeven? Een mama die leugens blijft tolereren, zich aanpast en voortdurend op eieren loopt? Een beeld dat helemaal niet representatief was voor wie ik ooit was.
Misschien speelde het idee van sterfelijkheid ook wel een rol in mijn daadkracht. Mijn vader had op dat moment kanker.
Ik besloot op dat eigenste moment dat het genoeg was. We hebben maar één leven.

Ik belde mijn man op met de vraag om naar huis te komen. Ik wilde niet in een emotionele bui opgeven, daarom creëerde ik een gemoedelijke sfeer. De kinderen sliepen, ik maakte het gezellig en haalde een fles wijn boven.
Ons huwelijk lag letterlijk op tafel: foto's en mails van zijn maîtresse, die ik een paar dagen ervoor had onderschept. Ik confronteerde hem heel rationeel met die feiten.
Mijn besluit stond vast, ik zou vertrekken, dus gaf ik hem de optie de waarheid te vertellen. Maar zoals het een manipulator

betaamt, antwoordde hij alleen met leugens. Toen voelde ik voor de eerste keer dat hij nooit zou veranderen en altijd zou liegen. Ik was heel gelaten, maar er zat wel een verdriet in mij omdat hij het moois dat we al die jaren hadden zomaar had weggegooid. Hij had geen respect voor mij doordat hij me niet de waarheid vertelde en dat was het moment waarop er iets knakte. Het was klaar. Het elastiek was gesprongen en het viel niet meer te herstellen. Ik had nog meer mijn best kunnen doen om me aan te passen, hij kon beloven moeite te doen, maar onze situatie zou nooit veranderen.

Ik heb meteen gehandeld, alle financiën geregeld en zo veel mogelijk dingen kortgesloten. Ik moest een plan uitstippelen om ervoor te zorgen dat ik zou volharden in de beslissing om weg te blijven. Niet terugkeren naar een gewoonte is moeilijk, want de makkelijkste, veiligste weg is de weg die je kent. Het nieuwe pad was me onbekend. Opgeven vraagt vaak meer moed dan doorzetten.

Mijn naaste omgeving kende onze situatie en kon me opvangen. Maar de mensen die verder van ons af stonden, reageerden vol ongeloof. Volgens de buitenwereld waren wij een goed koppel.
Ik probeerde me af te sluiten van wat die mensen dachten en zeiden, veelal mensen van wie je zelf geen goede raad zou aannemen, zoals 'je was ook zelf niet veel thuis'.

Het was allesbehalve een keuze om mijn huwelijk op te blazen. Het was een noodzaak. Als je besluit weg te gaan bij je man, met jonge kinderen, dan is er wel degelijk een reden die je niet kunt negeren. Er was geen ontkomen aan. Maar ook al moest het gebeuren, dat maakte het niet minder zwaar. Mijn keuze had gevolgen. Niet alleen voor mij, maar ook voor hem en vooral voor de kinderen. Dat hakt erin. Als je ervoor kiest om uiteen te gaan, kies je er ook meteen voor om je kinderen de helft van hun leven niet bij jou in huis te hebben. Nu ik er verder van af sta, moet ik toegeven dat de verdeling van de kinderen je als ouder ook goed kan doen. De ene week kun je volledig op jezelf focussen en de andere week kun je er volledig zijn voor je kinderen. Maar die keuze blijft levensbepalend.

Ik heb gestreden voor dat huwelijk. Maar op het laatst was er geen twijfel meer. Ik had alle opties geprobeerd en had mezelf niks te verwijten. Ik heb van hem gehouden, ik heb vergeven, ben boos geweest, lief geweest, begripvol… Mijn handen waren schoon. Ik besefte dat het niet ging om goed of fout. Hij had gewoon een manier van leven waar ik niet meer in mee wilde gaan. Ik heb nergens spijt van. Want als ik niet met hem was samengebleven, waren mijn dochters er ook niet geweest. Ons bedrijf liep goed, dus onze carrières waren er ook niet slechter op geworden. Het ging zoals het moest gaan. Ik heb voor mezelf en mijn kinderen gekozen.
Opgeven is een waardig alternatief van doorgaan.

'Yes, divorce is hard. But living a life not meant for you is harder.'

—

The comeback coach

Instagram

DAG 6

De volgende morgen zie ik de pelgrims vertrekken. Te voet, traag, vroeg, met de fiets… Het is een mooie dag. Ik ben jaloers op hun wandeltrip, maar niet op het opgefokte, onbehaaglijke, onwetende, onvoldane gevoel dat ik vijf minuten later zou ervaren. Ik krijg een bericht van een vriend die deze Camino al heeft bewandeld. Hij begrijpt mijn beslissing en laat me weten dat er dagelijks twee- tot drieduizend pelgrims aankomen in Santiago de Compostella. Te veel mensen op de weg, allemaal op zoek naar een bed. Ik houd van het onzekere, op alle vlakken, zolang ik maar weet waar ik ga slapen. Dat weet ik nu.
Ik deed iets wat mensen van me gewend zijn: ik deed het op mijn manier. *My way.* En afscheid nemen, dat kan ik. Maar ik deed ook iets wat men niet van me gewend was: opgeven, met iets stoppen wat nog niet af was. Het verhaal was nog niet klaar. Mijn rol was nog niet uitgespeeld.

Ondanks de copingstrategieën, mijn positiviteit, mijn labels, de gewoontes en het volharden koos ik ervoor om alsnog op te geven. Juist niet te volharden. Juist niet te doen wat mijn gewoonte is. Mijn manier, een ongewone route nemen, ging nu gepaard met opgeven. Weloverwogen opgeven.

Ik ben even alleen voordat de taxi aankomt. De Nederlandse herbergier komt me uitzwaaien. Ik vraag hem een foto te nemen op de plaats waar ik gisteren ben gestrand en drie uur voor me uit heb zitten staren. Mijn gezicht verraadt wat ik voel. Ik kan niet meer doen alsof. Maar deze glimlach is echt, net zoals die toen ik vertrok.

So we ask ourselves, what are we willing to give up?
What do we need to live? What makes life worth living?
What are we willing to put on the line when a life is at stake?
How much are we ready to lose…
if things don't break our way?

—

Grey's Anatomy

HECHTING

Opgeven is niet voor iedereen een optie. Je kunt niet altijd wegstappen, hoe weloverwogen de keuze ook mag zijn. Daar ben ik me zeer van bewust. Vaak zijn mensen vooringenomen en verzetten ze zich tegen een verandering van plan. Vanwege omstandigheden, angst, geld… Daarbij zijn het niet altijd je persoonlijkheid, je karakter of de automatische processen van het brein die je tegenhouden, maar wel je persoonlijke geschiedenis waardoor je makkelijker of moeilijker wegstapt of besluit op te geven.
Omgaan met veranderingen en weloverwogen opgeven kan gemakkelijker als je veerkrachtig en stabiel in het leven staat. Waardoor je weet hoe je met tegenslag en verandering om kunt gaan, daar flexibel in kunt zijn en weet hoe je je bij een val weer overeind kunt trekken.
Want herplannen vraagt aanpassingsvermogen. En dat aanpassingsvermogen om een tegenslag of verandering aan te kunnen ligt vaak in de hechting.

Volgens de Britse psychiater John Bowlby, die bekend is geworden door het ontwikkelen van een theorie over gehechtheid, is de manier waarop je je hecht al een voorbode van hoe je je emotioneel ontwikkelt in je verdere leven.

Even recapituleren uit mijn boek *Hard, liefde sterft nooit.* Door de snelle groei van de hersenen worden we na negen maanden al ter wereld gebracht, anders zouden we niet meer door het moedergangetje (het geboortekanaal) kunnen. Aangezien negen maanden een jaar te weinig is om met beide voeten in de wereld te stappen, worden wij, in vergelijking met andere zoogdieren, als prematuur geboren. We worden als baby weerloos uit die baarmoeder gestoten en komen terecht in de grote wereld, waarin we in eerste instantie verdwalen zonder navelstreng. Toch worden we verondersteld te overleven.

Nu, door dat enorme brein zoekt dat kleine hartje in angstige situaties, bij vermoeidheid en bij ziekte vanuit de wieg de nabijheid en het contact van de zorgfiguren, moeder of vader of iemand anders die verondersteld wordt zorg te dragen voor dat kleine wezen.

Om dat te doen zit er een soort fysiek overlevingsmechanisme in ons menselijke systeem. Een baby beschikt over de ongelofelijke skills om die band met de zorgfiguur te creëren door te grijpen, te schreeuwen, te huilen, te glimlachen, zich vast te klampen, te zuigen, wanneer hij honger heeft, zich alleen voelt, pijn heeft of het koud heeft, geschrokken is, angstig wordt van zijn eigen gedachten, bang is voor een onbekende of wanneer hij zijn verzorger te lang niet heeft gezien. Zo zorgt hij ervoor dat er voor hem wordt gezorgd, dat er van hem wordt gehouden, dat hij wordt geknuffeld en veilig is. Ouders zouden zich volledig opofferen om de baby te geven wat hij wil en dat weet de baby maar al te goed.

Wanneer je voldoende getroost wordt en die verlangens en behoeften worden ingelost, ben je **veilig gehecht**. Dat wil zeggen dat je met beide voeten op de grond staat, in staat bent je emoties te reguleren en steun te zoeken wanneer iets niet goed gaat of mislukt.
Je leeft in principe in een emotioneel gezonde situatie en hebt zicht op potentieel ongezonde situaties. Je zit goed in je vel, je bent leergierig en balanceert evenwichtig tussen afhankelijkheid en zelfstandigheid. Je hebt een realistisch, genuanceerd beeld van de wereld en van jezelf. Je beschikt over een stevige dosis zelfvertrouwen en je hebt ook het volste vertrouwen dat anderen er voor je zullen zijn wanneer je in de problemen zit. Bij veilige gehechtheid ga je wendbaar de wereld in met het idee dat als jij om hulp vraagt, die hulp er altijd zal zijn. En als er een verandering meespeelt, bijvoorbeeld iemand die niet meteen hulp komt bieden, dan kun je daarmee omgaan omdat het vertrouwen er is dat het je wel zal lukken. Je bent empathischer en minder angstig tegenover anderen en hebt een goed gevoel van eigenwaarde.

Er zijn helaas ook kinderen die door verschillende omstandigheden geen veilige basis hebben meegekregen, bij wie namelijk de verlangens en behoeften niet voldoende werden ingelost. Zij zijn **onveilig gehecht** en gaan zich daardoor ook anders gedragen.
Als je dus als kind niet het vertrouwen van je zorgfiguren hebt gekregen dat er in tijden van nood hulp komt, kan dat tot gevolg hebben dat je een negatief zelfbeeld creëert en dat je ervan overtuigd bent dat je niet op de ander kunt vertrouwen.
Bij een onveilige hechting is het bemoedigende gedrag van de zorgfiguur inconsistent of afwezig en raakt het proces van zelfregulatie verstoord. Je leert minder over hoe je met de wereld moet omgaan en dat maakt je kwetsbaarder.

Maar het leven valt niet op te delen in zwart of wit, ook niet in het prille begin van ons bestaan. We zijn allemaal individuen, dus hechten we ons allemaal op onze eigen (rare) manier. We hebben elk onze hechtingsstijl.

Als **vermijdend gehechte** werd je schreeuw om hulp niet gehoord en ga je je eerder afstandelijk opstellen. Dat heb je van thuis geleerd. Daar werd niet over gevoelens gepraat. Er waren onderhuidse spanningen, maar conflicten werden vermeden. Ieder had zijn geheim in het gezin. Afstandelijkheid voelde veilig. Je zult je ook niet gemakkelijk laten troosten. Betrokkenheid staat niet in het woordenboek, evenmin als de woorden 'emotie' of 'kwetsbaarheid'. Je denkt dat je er alleen voor staat in de wereld en dat je absoluut niet op anderen kunt rekenen. Je bent een planner en een doener. Iemand die initiatief neemt. Dat helpt je wel in moeilijke tijden of om te volharden. Je prent jezelf in dat alles tijdelijk is en niks voor eeuwig. Daarom ga je je niet te veel hechten. Er staat te veel op het spel. Je kunt te veel verliezen. Niet hechten betekent namelijk niet hoeven rouwen.

Een goede zaak vind je dat, want hechten zou kunnen vreten aan je overlevingsstrategie en die strategie wil je als vermijdend gehechte beschermen met je leven.

Dat klinkt positief, maar dat doe je alleen om vooruit te gaan in het leven en het liefst zonder te voelen. Uit een soort overlevingsmechanisme ga je problemen voor je uit duwen. Je staat echter wel weer snel klaar voor anderen. Zolang je maar niet met je eigen leven bezig hoeft te zijn. Het geeft je ook een goed gevoel om gezien te worden als de sterke schouder. Vermijders kun je dan ook vaak in zorgberoepen tegenkomen. Daar krijgen ze een stempel van de sterke en de gever. Het bevestigt hen in die kracht en in hun gevoel van controle daarover.

Je neemt als vermijdend gehechte bewust afstand van stress, maar snijdt jezelf emotioneel gezien ook af. Door je zo te wapenen is er geen toegang tot positieve gevoelens en verbanden die je zouden kunnen helpen.

Je kunt ook **dubbel gehecht** zijn als je als kind niet begreep waarom er de ene keer wel werd gereageerd op je hulpkreet en de andere keer niet. Op dat moment zocht je nabijheid, maar vreesde je tezelfdertijd dat je toch niet zou krijgen wat je nodig had.

Ben je **angstig gehecht**, dan maak je je constant zorgen. Je bent een piekeraar, al laat je dat niet snel zien uit angst voor de mening van anderen, met alle stresskwalen van dien. Je hebt last van een laag zelfbeeld en bent daarom constant op zoek naar bevestiging. Je hebt een groot verantwoordelijkheidsgevoel en durft daardoor ook moeilijk grenzen te stellen en 'nee' te zeggen.
Die angst en dat gebrek aan vertrouwen zijn je met de paplepel ingegeven. Ouders zien het gevaar al voor het er is en anticiperen daardoor te veel. Ze overreageren op je behoefte en nemen elk moeilijk obstakel over waarmee je in aanraking komt. Als kind verwerf je dus geen autonomie en ben je er daardoor van overtuigd dat je niks alleen kunt. Je wordt streng opgevoed of heel hard beschermd

tegen de grote boze wereld. Overbescherming ontneemt het kind de kans op de ontwikkeling van gezonde, sterke eigenwaarde. Dat veroorzaakt de permanente innerlijke angst niet goed genoeg te zijn, tekort te schieten, niet alles onder controle te hebben en zwak te zijn. Een systeem van actie en reactie wordt ingeprent. Negatieve kerngedachtes lopen hoger op. Rechtvaardigheid draag je hoog in het vaandel. Je bent heel trouw en bent de lijm tussen veel mensen. Je houdt hen bij elkaar. In ruil daarvoor verwacht je wel betrokkenheid. Helaas wordt dat niet altijd teruggegeven en dat maakt je overgevoelig voor afwijzing. Je hanteert een soort perfectionisme op dat vlak en dat kan je als angstig gehechte vatbaar maken voor een depressie of burn-out.

Angstig gehechte mensen hebben de minste aanleg om op te geven. Zij willen namelijk niet falen en zullen bijvoorbeeld eerder volharden in een ongelukkig huwelijk.

Deze hechtingspatronen zijn bepalend voor hoe kinderen in de vroege of latere jeugd hun emoties leren reguleren. Wanneer bijvoorbeeld stress de kop opsteekt, wordt cortisol aangemaakt. Een klein kind dat stress ervaart, zoekt bemoediging bij de moeder en bij een goede hechting ondersteunt de moeder de baby constant. Normaal zorgt oxytocine* (het knuffelhormoon) er dan voor dat het hormoon cortisol (het stresshormoon) afneemt. Wie in de kindertijd echter verwaarloosd of misbruikt werd, ondergaat een verandering in het stresssysteem, waardoor het cortisolgehalte de lucht in schiet. Als je als angstig gehechte dus een tegenslag of verandering te verwerken hebt, heeft dat een grote invloed op hoe je ermee omgaat en kan dat de kans op volharden of niet durven op te geven vergroten.

* Oxytocine wordt afgescheiden in de bloedbaan en op allerlei plaatsen in de hersenen, teneinde de hersencentra te stimuleren een goede moeder te zijn. Al zou dit hormoon, zo blijkt uit onderzoek van de laatste jaren, ook een schaduwkant kennen: het zou ook angst kunnen opwekken. Maar laten we het bij het knuffelhormoon houden. Oxytocine zorgt er namelijk in eerste instantie voor dat de bevruchting en de geboorte goed verlopen. Het scherpt daarnaast ook de moederneus voor de geur van de baby, zorgt voor de stuwing van de moedermelk, een intens geluk en een vaste herinnering aan elkaar. Het zorgt voor een sterke, of in dit geval hechte moederband en is dus verantwoordelijk voor wat wij verbondenheid noemen.

Veilig gehechte mensen die hun emoties kunnen reguleren, zijn opgegroeid in een omgeving waarin duidelijke grenzen zijn aangegeven, maar waar ook plek was voor verkennen. Daarom durven ze actie te ondernemen, met andere woorden: ze zijn actiegericht.
De onveilig gehechte zal zich eerder bij de toestand neerleggen en is toestandsgericht. Dat ontstaat door een autoritaire stijl van opvoeden waarbij hoge eisen aan het kind worden gesteld of in een omgeving waar het kind wordt genegeerd. Deze kinderen conformeren zich aan de regels die voor de ouders belangrijk zijn. Het kind zal zich slecht voelen over zichzelf wanneer het inconsistent is en te weinig presteert.

Hechting bepaalt de houding ten opzichte van succes of falen, ongeacht of je toestand- of actiegericht bent. Je ziet niet altijd wat potentieel ongezond is voor je.
Het probleem is helder: het reguleren van gedachten en emoties en dus veilige hechting is belangrijk bij weloverwogen kunnen opgeven. Dan ben je beter in staat tot verandering van motivatie en gedrag en tot het formuleren van nieuwe doelen.

Kortom, wanneer je de hechtingstheorie begrijpt en de manier waarop die hechting bij jou is verlopen, kun je leren hoe motivatie, handelen, volharden en opgeven functioneren.

Zoals ik al zei, het is niet zwart-wit en al helemaal niet onveranderlijk. Hechting fluctueert. Door een narcistische partner kun je van veilig naar onveilig gehecht gaan en goede vriendschappen of relaties kunnen er juist voor zorgen dat je van een onveilige gehechtheid naar een veilige gehechtheid evolueert.

*'We zijn allemaal aan het dolen in het duister.
Gewoontes. Hoe je denkt goed te leven. Alle opvattingen
blijken een vergissing. We blijven allemaal maar spartelen,
proetelen en aanmodderen. Soms denk ik dat ik het weet
en dan blijkt het toch een dwaling te zijn.'*

—

Stefaan Van Brabandt

Winteruur

TWIJFEL

We zijn vaak niet in staat om los te laten, zelfs niet wanneer vasthouden ons diepongelukkig maakt. Omdat er bij het opgeven of loslaten een cluster van emoties op ons afkomen. Gevoelens van frustratie en tekortschieten, depressieve gevoelens, schaamte, het gevoel van falen en twijfel horen er nu eenmaal bij.
Het loslaten van een doel betekent ook het loslaten van die gevoelens. Je moet door een bepaalde cyclus van hernieuwde inspanningen (niet willen geloven dat het doel niet haalbaar is), agressie (verzet tegen het verlies van het doel), depressie (dat geeft belangrijke informatie van waaruit nieuwe plannen voor zelfontplooiing kunnen ontstaan), herstel en het maken van nieuwe plannen heen. Deze stadia zijn niet zo goed te onderscheiden en lopen door elkaar. Ze kunnen verschillen in duur en in intensiviteit.

Dat loslaten vraagt bewustzijn en dus emotionele intelligentie*. Hoe groter die intelligentie, hoe groter het

* Emotionele intelligentie is het vermogen om emoties waar te nemen, toe te laten en op te wekken en met behulp daarvan gedachten te formuleren, emoties en emotionele kennis te begrijpen, inclusief het bewust reguleren van emoties om zo het intellectuele denken te bevorderen.

voordeel. De mooie naam hiervoor is metacognitie, maar het komt erop neer dat je op ieder moment weet wat je voelt en denkt.
Daarvoor zijn flexibiliteit en hernieuwde focus nodig. Je moet in staat zijn en de tijd nemen om onhaalbare doelen of extrinsieke doelen die je niet vervullen af te wijzen, en focussen op doelen die wel haalbaar zijn en die je kunt vervullen.

Bij het loslaten van een doel laat je niet alleen emoties los, maar ook gedachten. In ons hoofd is slagen altijd mogelijk als we maar voldoende volharden. We onderdrukken onze emoties om die wilskracht te verkrijgen. Dat vraagt energie. Naast wilskracht vraagt het maken van een keuze ook veel energie. Alleen is die energie geen bodemloze bron waaruit geput kan worden.
Je blijft aan onafgemaakte zaken denken. Daardoor blijft er minder energie over om nieuwe keuzes en handelingen te reguleren. Zo komen mensen niet verder als ze een doel of een situatie opgeven. Dat noemen ze het Zeigarnik-effect, naar de Russische psycholoog Bluma Zeigarnik. Dit psychologische fenomeen zegt dat we onvoltooide taken en doelen beter onthouden dan afgeronde taken. Dit ontdekte Zeigarnik na een experiment waarbij hij deelnemers taken liet uitvoeren die voltooid werden, maar ook taken

die niet werden afgemaakt. Zeigarnik merkte op dat de deelnemers zich de onafgemaakte taken beter konden herinneren dan de taken die ze hadden afgerond. Het is alsof het onderbewuste je zachtjes terugduwt om je te laten afmaken waaraan je bent begonnen. Wanneer we namelijk aan een taak beginnen en deze niet voltooien, blijft er een soort 'mentale spanning' achter. Ons brein heeft een natuurlijke neiging om deze spanning op te lossen, waardoor onafgemaakte taken meer aandacht krijgen en we deze beter onthouden dan de taken die we afgewerkt hebben. Het lijkt alsof ons brein een innerlijke herinnering heeft ingesteld die ons stimuleert om de taak af te maken, waardoor het een belangrijk proces kan zijn voor motivatie en focus. Daarom is het bijvoorbeeld zinnig om tijdens het studeren een pauze in te lassen.

Tegelijk moeten we de druk vanuit onze cultuur doorstaan, terwijl het tijd vraagt om alles op een rijtje zetten, jezelf te motiveren om een doel los te laten en na te denken over een nieuw doel.

DAG 7

Antwerpen

Een streepje zon verschijnt in onze tuin en ik ga op de bank zitten. Mijn tranen zorgen voor troebel zicht op het huis. Hier zit ik dan, niks te doen. Complete leegte. Zonder betekenis. Zonder zin in iets. Twijfel, wankel, onzeker over werkelijk alles. Alsof ik op een slap koord sta, of ik een marionet zonder touwen ben, of in mijn geval wandelstokken. Ik weet even niet hoe vast te houden. En tegelijk ook niet hoe los te laten. Ik had een plan. Ik wist wat te doen, elke dag. De etappes lagen vast en het enige wat ik te doen had, was wandelen. En nu moet ik mijn leven weer inrichten. Ik wilde naar huis. En nu? Wat nu? Mijn man komt me troosten. ‘Kan ik iets doen?’ ‘Nee, ik kan zelf niks doen,’ zeg ik, ‘en ik ben zo’n doener.’ ‘Misschien moet je gewoon even niks doen’, antwoordt hij. Als ik me niet goed voel, kan ik niet nadenken en wentel ik me in nostalgie. Ik moet even iets zien waarvan ik het einde ken. Ik begin een marathon *Friends*. Rachel loopt Central Perk binnen, in een trouwjurk. Ze is in ieder geval niet op huwelijksreis vertrokken.

'Friends: the pilot' - 'The One Where Monica Gets a New Roommate'

> *Rachel: C'mon Daddy, listen to me! It's like, it's like, all of my life, everyone has always told me, 'You're a shoe! You're a shoe, you're a shoe, you're a shoe!' And today I just stopped and I said, 'What if I don't wanna be a shoe?' What if I wanna be a... a purse, y'know? Or a... or a hat! No, I'm not saying I want you to buy me a hat, I'm saying I am a ha... It's a metaphor, Daddy!*
>
> *Rachel: Well, maybe that's my decision. Well, maybe I don't need your money. Wait!! Wait, I said maybe!!*

Ik kan me voorstellen dat een beslissing als deze, van je huwelijksdag wegstappen, voor velen impulsief lijkt, terwijl het juist heel doordacht kan zijn geweest en je die beslissing hebt uitgesteld uit angst. Ook jij moet een proces doormaken.

'Er gaat eindeloos gepieker aan vooraf, want je wilt de ander niet kwetsen en de relatie niet "zomaar" overboord gooien', vertelt Maite Goossens in haar podcast *Wat is er mis met mij? Scheiden of blijven*. 'Het voelde als op een springplank staan, spring ik of spring ik niet?'
Relatietherapeute Chloé De Bie treedt haar bij en verklaart dat het enorm moeilijk is om deze levenskeuze te maken en dat velen vroeg of laat in een relatie wel eens het gevoel hebben op een springplank te staan die overhelt naar 'wel' en een andere keer naar 'niet'. Op een bepaald moment maak je de keuze om in het onbekende te springen. Sommigen kijken er later op terug en denken dat die bezorgdheid niet nodig was, bij anderen blijft die twijfel heel erg sluimeren en wordt het echt problematisch, waarbij het springen op een bepaald moment 'moet'.
Kiezen is altijd iets verliezen, want je raakt ook fijne dingen kwijt. Scheiden is sowieso lijden, ook al neem je zelf de beslissing. Want dat is een misverstand dat blijft bestaan. Ook al ben jij degene die uit een relatie stapt, dat maakt het niet minder moeilijk. Want dan zijn er niet alleen verdriet en gemis, maar heb je ook nog eens een schuldgevoel. Terwijl er goede redenen zijn geweest om de relatie stop te zetten, heeft de omgeving toch minder begrip voor jouw verdriet. Terwijl ook jij plannen had in je huwelijk, met je partner. En wanneer die toekomst

niet meer in de sterren geschreven staat, kom je ook in een leegte terecht waarvan je niet meer weet hoe die in te vullen. Je moet je plannen herzien. Net als wanneer je besluit te stoppen met studeren. Ineens val je van een gestructureerd schooljaar terug naar een lege agenda, die heus niet als een vakantie aanvoelt. Die leegte, die onvoorspelbaarheid, daar moet je mee aan de slag. Ook ik. En met een onrust. Mensen zijn in staat emotionele pijn te blijven verdragen in akelige of stressvolle situaties en niet zo snel te kiezen voor opgeven en de daarbij horende onrust. Sommige mensen zien alleen maar een afgrond aan negatieve mogelijkheden wanneer ze een sprong in het duister moeten wagen. Omdat volharden als een deugd wordt gezien en geassocieerd wordt met gemoedsrust, en opgeven gepaard gaat met onbekende emotionele onrust. Je zou voor minder blijven doorgaan.

Ik verzwijg dat ik thuis ben, om nog even onbereikbaar te kunnen zijn, maar ook omdat ik schaamte voel. Ik heb het gevoel dat ik me voor mijn keuze en 'falen' moet verantwoorden. Ergens willen mensen een verhaal horen, een reden, een argument. Ik heb hun namelijk beloofd dat ik ze na een maand zou overladen met avontuurlijke verhalen.

Los van schaamte vertoef ik in enorme twijfel. Ik twijfel zoals iedereen wel eens doet. De ene dag wil ik de wereld veranderen, de andere dag kan ik me echt voorstellen gelukkig te zijn met het leren maken van kombucha en het wieden van de tuin. Maar nu twijfel ik over werkelijk alles. Alles waar ik eerder zo zeker van was, leg ik nu in de weegschaal. Ik twijfel over wat ik ga doen, hoe mijn dag eruit zal zien, wat ik moet aantrekken, zelfs de vraag of ik chocoladepasta of confituur op mijn boterham wil, kan ik niet beantwoorden. Veel keuzes: routes liggen open. Ik wacht even tot er iemand aan het poortje van een route staat en dan zie ik wel.

Is het luxe? Te veel keuze is niet goed. Het is veel gemakkelijker om een gerecht te bedenken als je alleen tomaten in huis hebt. Zodra er een ingrediënt bij komt, zijn er al meer opties. Maar meer mogelijkheden zijn niet per se een zegen.

Wie ben ik nog als ik niet meer kan wandelen? Ik wankel. Meer nog dan toen ik aan het wandelen was. Ik ben onzekerder dan ooit tevoren. Nog even niet in de realiteit en heel doelloos. Misschien is dit wel mijn proces. Misschien is dit wel mijn Camino, even helemaal door elkaar geschud worden om daarna de puzzelstukjes weer te kunnen leggen.

Terwijl het me in tijden van chaos in het hoofd helpt om orde te scheppen in huis, lukt het me nu zelfs niet om te stofzuigen.
Ik probeer mijn gedachten te controleren en niet te denken aan de Camino en wat ik aan het doen zou zijn geweest. Maar mijn gedachten worden voortdurend terug gekatapulteerd naar de route. Ik begin te plannen om terug te gaan, om de weg verder af te leggen, omdat ik ten einde raad ben.
Moet ik terug?
Wil ik terug?

HET OPGEVEN VAN EEN STUDIE

Sam, 20 jaar

Ik ben opgegroeid in een familie van leerkrachten. Het is me met andere woorden met de paplepel ingegeven. Van kinds af aan had ik daar interesse in. Ik ging heel graag mee met mijn moeder naar haar klas. Ik nam mijn knuffels mee om ze uit te stallen achter de schoolbanken en er dan zelf les aan te geven. Ik zou hetzelfde pad bewandelen en daarom ben ik blindelings voor de lerarenopleiding gegaan. Met veel motivatie begon ik eraan. Ik wist dat het veel voorbereidend werk zou vragen en hoewel er af en toe een vak was dat me niet kon bekoren, heb ik veel geleerd, gingen de eerste stages over het algemeen goed en verliep dat eerste jaar best vlot. Tot ik aan het einde van dat schooljaar een stage deed in het vijfde leerjaar, waar ik me niet gesteund voelde door de mentor die me toen moest begeleiden. Mijn ouders merkten dat ik veel prikkelbaarder thuiskwam en niks positiefs meer kon zeggen over de opleiding.

Ik heb me door die stage proberen te wurmen en aangezien ik perfectionistisch ben, was het niet hoe ik het voor ogen had. Door een paar slechte feedbackmomenten ben ik in de zomervakantie beginnen te twijfelen over het al dan niet voortzetten van de opleiding. Ik vroeg me af of ik er mijn energie nog wel uit zou

kunnen halen. Ik heb veel gesprekken gehad met mijn ouders en medestudenten, die me hebben kunnen overtuigen om het tweede jaar aan te vatten. 'Het zal wel gewoon één slechte ervaring zijn. Het wordt wel beter', suste ik mezelf.
In het begin van dat tweede jaar liep alles goed, maar al snel voelde ik mijn motivatie weer zakken en doken de twijfels opnieuw op. Tussen de lessen door was ik andere studierichtingen aan het opzoeken. Maar de moed om daadwerkelijk te stoppen had ik niet. Ik had verwachtingen en die moesten kloppen met de werkelijkheid. Ik heb altijd al verwachtingen gehad. Meestal zijn dat onrealistische verwachtingen. Als ik een avondje uit heb gepland bijvoorbeeld, maak ik meteen een beeld van hoe het moet gaan. Zo moet het dan ook worden, anders ben ik teleurgesteld. Of wanneer ik bij het shoppen precies in mijn hoofd heb waarmee ik thuis wil komen, kan ik een slecht gevoel hebben als ik het juiste kledingstuk niet vind. Vanwege de hoge verwachtingen die ik niet heb kunnen inlossen. Een uitje kan niet gewoon een uitje zijn, daar hangt altijd iets aan vast. Het onbekende is wat me angst aanjaagt.

Ik ben een enorme 'people pleaser' en ik klamp me vast aan de verwachtingen van anderen. Ik kijk altijd eerst hoe ik andere mensen tevreden kan stellen voordat ik mezelf gelukkig maak.
Ik wilde mijn ouders niet teleurstellen, die me doorheen die hele periode gesteund hadden. Ik wilde aan hun verwachtingen voldoen. Mijn idee was dat ik hen kon bedanken door de opleiding af te maken. Ik weet nu ook dat ik die verwachting op hen had geprojecteerd. In plaats van mijn diploma te halen werd mijn doel hen bedanken. Daar verloor ik mezelf in. Daarbij had ik tijdens mijn studie geïnvesteerd in vriendschappen. Ik kon hen toch niet achterlaten? En ook hen teleurstellen? Er waren heel

veel aspecten die ervoor zorgden dat ik wilde volharden, hoewel ik het niet graag meer deed. Mijn interesse ebde weg, de band met mijn docenten werd minder, ook de manier van werken van de school strookte niet meer met mijn behoeften, terwijl dat wellicht ook de gangbare methode was op andere opleidingen. Ik bekeek alles door een vergrootglas. Alles vroeg energie en het zoog me letterlijk leeg. Ik begon harder te werken aan mijn voorbereidingen. Mijn ouders zagen me tot laat in de nacht bezig en zagen hoe ik meer en meer aftakelde. Dat deed hen pijn. Ik had mijn relatie op de tweede plaats gezet om te volharden, in mijn familie waren er hindernissen en juist toen begon mijn eindstage, waarbij ik weer geen steun bij mijn mentor vond.

Ik probeerde mezelf op te peppen, maar de geruchten over de stage van het jaar erna waren ook niet veelbelovend. Dat alles werkte demotiverend. Op dat moment realiseerde ik me dat dit zo niet verder kon. Het werd te veel.

Midden in de eerste week van mijn stage ben ik gecrasht. Ik heb alles op tafel gegooid bij mijn mentor, tot tranen toe. Ik voelde me zwak, ik schaamde me, maar het luchtte me zo op.

We zijn samen tot het besluit gekomen om die laatste week af te maken. Ik wilde namelijk ook die kinderen niet teleurstellen. Daar zou ik me schuldig over voelen.

Ik heb mijn ouders ingelicht. En hoewel ze eigenlijk van alles op de hoogte waren, schrokken ze er toch van dat het zo diep zat. Die stage volmaken vroeg heel wat energie van me, waardoor ik de knoop doorhakte om de eindexamens niet meer te doen. Er ging zoveel door me heen. Terwijl al mijn vrienden aan het studeren waren en ik volgens velen misschien lui thuis zat, sliep en at ik amper. Ik was voortdurend aan het piekeren: is het wel de juiste beslissing, had ik niet wat meer moeten doorzetten, ben ik mezelf niet aan het aanstellen? Ik merkte dat ik niet meteen

met oplossingen kwam, maar mezelf wel beter leerde kennen. Waar ik anders vaak een gevoel aan de kant schoof, leerde ik mijn gevoelens aanvaarden en ging ik de confrontatie aan. Het tevredenstellen van anderen moest ik ook gaan bijstellen. Mijn eigen verwachtingen, maar ook de verwachtingen van anderen. Of beter, waarvan ik dacht dat anderen ze hadden. Ik legde de zwaarte van de verwachtingen van anderen op mijn schouders, terwijl die nooit werden uitgesproken.
Mijn kinderdroom spatte uiteen. Mijn plan viel in duigen. Ik had het hele traject uitgestippeld. En het beangstigde me om dat te moeten loslaten. 'Wat dan, wat komt daarvoor in de plaats?' Mijn doemscenario was de leegte. Een toekomst die niet is ingevuld.
Nu ben ik weer plannen aan het maken.
Ik ben andere opleidingen aan het bekijken, heb gesprekken gehad met trajectbegeleiders om op zoek te gaan naar wat me intrinsiek motiveert en niet van buitenaf wordt opgelegd. Ook al was het onbewust en werd het me niet opgedrongen. Ik wil dat de motivatie vanzelf komt in plaats van die af te dwingen. Door te stoppen met mijn studie en de ruimte te nemen om op zoek te gaan naar wat ik echt wil, ben ik gestuit op een uitspraak die ik als kind deed: 'Als ik later groot ben, wil ik bekend worden.' Intussen ben ik ouder, veranderd en heb ik dat doel van mijn vijfjarige ik niet meer voor ogen. Maar ik ben wel gaan nadenken waarom ik dat zei en welk creatief ei ik kwijt wil. Of op welke manier. Ik voel dat ik door die zoektocht alleen al meer voldoening krijg.
Er is nooit spijt geweest. Ik heb nooit momenten gehad waarop ik dacht dat ik de verkeerde keuze had gemaakt. Wel heb ik schaamte gevoeld naar andere mensen. En ergens zit ik nog wel met de angst voor het onbekende, maar veelal is het angstige 'wat nu?' veranderd in een enthousiast 'wat nu?!'.

‘Om te kunnen veranderen, moet er iets hetzelfde blijven.

Ik zit naast je in de auto. Je hebt een mooie neus.
Normaal kom ik niet verder dan je ogen maar nu kan ik
naar je kijken en ik denk: je hebt een mooie neus.

We rijden in de toekomst. De dingen zijn allemaal lang
geleden gebeurd en we hebben het er niet meer over. Het uitzicht
is ook veranderd. De velden zijn weer wild en bloemig.

Wij zeggen dat we elkaar raken, de Engelsen zeggen dat
we elkaar bewegen, beweging is het begin van alles.

Blijk ik dus een boom te zijn en geen dier.
Je vertelt over een lange rechte weg waar ze de hazen doodrijden.
Ik ben blij dat we in de toekomst zijn aangekomen en niet meer
hoeven te lijden. Hoewel er in de toekomst misschien ook lijden
is. Zal je altijd zien dat juist dat hetzelfde is gebleven.

Om te kunnen blijven moet er iets veranderen.
Elke herfst laat ik mijn bladeren los.
Als jij zo beweegt kun je hetzelfde blijven.
Laten we dat afspreken.

Oké. Ik sta aan de kant van de weg en de auto's rijden voorbij. Waar je naar kijkt wordt voor even deel van je en soms voor altijd.

Maar deze dingen zijn allemaal lang geleden gebeurd en we hoeven het er niet meer over te hebben. Ik ben blij dat we er nog niet zijn, ik probeer je stem in mijn hoofd te bewaren.'

—

Eva Meijer

Blijk ik dus een boom te zijn

PLANNEN

Wanneer er een nier wordt verwijderd, neemt de andere nier de functie van de verwijderde nier over. Ons functioneren gaat verder zonder het gevoel te hebben iets tekort te komen. Omdat ons lichaam wanneer er iets ontbreekt een waardige vervanger zoekt om het gemis te compenseren.

Ook wij zoeken naar een alternatief voor wat we hebben opgegeven. Of lastiger: we worden ernaar gevraagd. 'En wat nu, wat ga je nu doen?'
Ligt de oorsprong van deze vraag misschien in de perceptie die we hebben van succesvolle mensen die, wanneer ze iets opgeven, alvast een nieuw businessplan in het verschiet hebben? Of ze stoppen om meer tijd te maken voor iets anders, een hobby bijvoorbeeld.

Je dient je focus te verleggen. Het maken van het plan is al voldoende, dat plan hoeft zelfs niet te worden uitgevoerd, het is het startpunt voor motivatie en gedrag. Blijven volharden en het onvermogen hebben om los te laten zorgt ervoor dat je die ruimte niet neemt om je een andere toekomst voor te stellen, je verder te laten groeien en een nieuw plan te bedenken.
Een afleiding is interessant en aantrekkelijk en maakt je klaar om opnieuw een verplichting aan te gaan. Mensen

die plannen maken, worden niet afgeleid door dwingende gedachten. Door een doel los te laten laat je ook een stukje identiteit los. Een nieuw doel is nodig, samen met gedragsverandering die gelinkt is aan dat nieuwe doel.
De hardnekkige gedachten vervangen door een bewust gemaakt plan zal de geest tot rust brengen.
Maar ja, wat is nu dat alternatief?

Ook ik moet mijn plannen herzien, een alternatief zoeken. Ik ging van 'helemaal gepland', naar 'volledige leegte'. Als een rups die ontpopt en haar cocon afsmijt om als vlinder op zoek te gaan naar hoe te vliegen.
Ik besluit me te herpakken, nieuwe doelen te zoeken en begin opnieuw met volharden. Een ander plan bedenken.

Niet achterom kijken. Wanneer er chaos in mijn hoofd huist, moet ik structuur aanbrengen. Ook tijdens het wandelen moest ik structuur aanbrengen in mijn hoofd. Ik begon mijn dagboek in te spreken, daarna kwamen er tips bij en besloot ik een praktisch boek te maken. Het begin van dit boek. Maar zelfs de vorm en de boodschap van dit boek zijn in de loop der tijd veranderd.

Na verdriet, vertwijfeling en onzekerheid schreef ik verder. En daar kwam de twijfel opnieuw: hebben mensen dit wel nodig? Willen mensen niet stiekem alleen 'waauw'-verhalen horen om hen te motiveren?
Maar ook hier kwam het volharden weer boven. Ik heb weer een plan, een doel. De Camino was niet voor niks. Dus daarvan moet ik alvast geen spijt hebben. Alleen had ik spijt dat ik het niet volledig had onderzocht. Wat als? Zo moeilijk was het toch niet, dat stappen? Waarom was ik nu weer gestopt? Ik kan de antwoorden op deze vragen niet altijd rechtvaardigen. Het 'wat als' blijft door mijn hoofd spoken. Die toekomst waar ik geen vat op heb, die fantasie over hoe het had kunnen zijn.

‘Om de wereld te begrijpen moet je haar soms de rug toekeren.’

–

Albert Camus

De mythe van Sisyphus

HET OPGEVEN VAN EEN FAMILIEBAND

Inge, 49 jaar

Ik had een toxische relatie met mijn moeder, waar ik heel erg onder leed. Ze belde me elke dag wanneer het haar uitkwam, ook tijdens het werk. Volgens haar had ik alle tijd om naar haar te luisteren. Het gesprek draaide altijd om haar. Zo'n gesprek sloot ze steevast af met dezelfde zalvende uitspraak: 'Het doet me deugd dat ik dat allemaal tegen jou kwijt kan.' Jarenlang zadelde mijn moeder me op met haar problemen. Daardoor bleef ik vaak malen en was ik bezorgd om haar. Ik kon na zo'n gesprek een week doodmoe zijn. Dat ik onbewust zelf aanbood om de kruiwagen voor haar problemen te zijn, had ik niet meteen door. Ik twijfelde enerzijds of ze de waarheid sprak, anderzijds vond ik het jammer dat ze zoveel meemaakte. Maar als ik haar er eens over durfde aan te spreken, had zij geen problemen, maar waren het anderen die haar ellende bezorgden. Zij was de enige die de waarheid kende en ze stelde anderen, onder wie mijn zus en mijn vader, in een slecht daglicht.

Ik begon stilaan te beseffen dat ik altijd maar haar kant van het verhaal hoorde. Mijn moeder was een kluizenaar geworden. Buiten haar zus, die haar nog altijd versterkt in haar negatieve gedachten en daden, heeft ze geen vrienden en ik kon me dus niet richten op het verhaal van een ander.

Zij had een veel gemenere insteek dan ik ooit had kunnen denken en druppelsgewijs kwam ik tot de constatering dat ik gemanipuleerd werd. Zo werd ik meer en meer bevestigd in haar narcistische gedrag.

Daarom besloot ik zestien jaar geleden afstand te nemen van haar. Met die emotionele afstand zocht ik een manier om het leefbaar te maken. We bleven elkaar nog twee à drie keer per jaar zien. Zo kon ik volharden om de familieband niet helemaal op te geven.
Ik vroeg haar om alleen te bellen om te vragen hoe het met mij of met de kinderen was. Zo niet, dan hoefde ze geen moeite meer te doen. Dat heeft ze vanaf dan ook nooit meer gedaan.

Mijn ouders waren al zes jaar gescheiden. Met mijn vader had ik geen band na de scheiding, aangezien mijn moeder het beeld over hem heeft bepaald en al die jaren in stand heeft gehouden. Zij hield ons met andere woorden uit elkaar. Vele jaren later viel het me op dat, hoewel mijn vader ons dorp vaak passeerde, hij nooit langskwam. Toen hij dat op een bepaald moment wel deed, vertelde ik dat aan mijn moeder, waarop zij mijn vader heeft aangesproken. Een dag later belde hij me op met de vraag of haar verhalen waar waren. Toen wist ik dat zij ook negatief over mij sprak. Het waren vaak flagrante leugens of, gewiekst als ze was, leugens vermengd met halve waarheden. Mijn vader stierf twee maanden later en ook met de voorbereiding van zijn begrafenis probeerde mijn moeder zich te bemoeien alsof ze nog zijn vrouw was. Daarbij probeerde ze mijn broer en zus tegen elkaar op te zetten in verband met zijn nalatenschap. Bedrijvigheid buiten zichzelf zoeken is een typische eigenschap voor narcisten. Er bleven dingen gebeuren die stilletjes aan echt de deur dichtdeden. Zo stonden mijn man en ik eens letterlijk voor een gesloten deur. Ze 'had geen tijd en was het beu altijd klaar te staan voor wie langskomt' en deed daarom alsof ze niet thuis was. Dat deerde me niet. Het verbaasde me dat ze een week later toch een weg had gevonden om bij mij binnen te komen. Ze keek me met een duivelse blik van opzij aan toen ik via de achterdeur binnenkwam. Dat ik in haar ogen niet meer haar 'volgeling', haar 'medewerker' was, maakte haar kwaad. Ze kon geen gebruik meer maken van mij. Het was de eerste keer dat ze dat verachtende zo openlijk liet zien. Ik had het al die jaren allemaal kunnen plaatsen in mijn hoofd en had, als copingmechanisme, een disconnectie gemaakt met mijn lichaam. Omdat het te zwaar aanvoelde, had ik de ervaring geblokkeerd. Maar nu raakte die blik me recht in het hart. Dat was het begin van de breuk. Wat niet van vandaag op morgen ging. Ook dat was een proces.

Met mijn broer had ik al gebroken. Aangezien er geen connectie meer was en zelfs nooit een vorm van verbinding was geweest, besloot ik ook zonder veel moeite om te breken met mijn moeder. Mijn zoon wilde zijn oma nog wel bezoeken en ik had van tevoren besloten dat dat het laatste bezoek zou zijn. Omdat mijn man vond dat er gevaar schuilde in het huis van mijn moeder, besloot hij mee te komen. Mijn moeder vroeg mijn man 'wat voor rare mensen hij toch allemaal meebracht naar haar huis'. Ze bedoelde mij en haar kleinkind. Tegen mijn zoon sprak ze negatief en vertelde ze leugens over mij. Allemaal alsof ik er niet bij was. Ik ging tegen die leugens in en begon haar klem te rijden in het gesprek. Wij stonden versteld van wat mijn moeder allemaal zei en hoe ze daarna ook haar kleinkind aanviel met leugenachtige beschuldigingen. Dat was een brug te ver. Ik ben opgestaan en we zijn vertrokken. Iets wat ik eerder nooit had durven te doen.

Mijn zus had jaren geleden al slecht gereageerd op de afstand die ik had genomen. Ze verweet me dat ik onze moeder op Moederdag of op haar verjaardag niet bezocht. Terwijl ik voorheen wel elke dag voor haar klaarstond, omdat zij verder weg woont. Ik heb geprobeerd in gesprek te gaan met mijn zus, maar het mocht niet baten. Die verandering in mijn gedrag en mijn keuze kon zij niet goed aan. Zij heeft op dit moment nog wel contact met mijn broer en moeder. Ook zij wordt gemanipuleerd. Ondertussen heb ik ook met haar moeten breken omdat zij dezelfde woorden begon te uiten en identieke handelingen begon te vertonen als onze moeder. Er zit heel veel kwaadheid in haar. Het ene moment charmant en lief, het volgende moment gemeen. Dingen die mijn eigenwaarde geen goed deden. Die breuk was pijnlijker, omdat ik voor de derde keer moest loslaten. Mijn hele leven werd ik voorgelogen, werd er geheimgehouden en heb ik hen verkeerd ingeschat. Ik heb dikwijls getwijfeld en me afgevraagd of het aan mij lag.

Breken met je familie is niks om trots op te zijn. Het neigt naar schaamte, maar gaat toch meer om verdriet. Dat voel ik zeker ten opzichte van mijn zus door de connectie die ik bij haar wel voelde.
Je hoort veel mensen in die omstandigheden zeggen 'dat het toch familie blijft', 'dat ik blij moet zijn dat ze er nog is want ze is zo oud' en 'dat ik er spijt van zal hebben wanneer ze er niet meer zal zijn'. Gelukkig kreeg ik die reactie niet van mijn vrienden. Omdat zij goed wisten in welke situatie ik zat. Wel vroegen mensen zich af of het geen andere psychische ziekte of dementie was. Mensen probeerden in mijn plaats een verzachting te zoeken voor haar daden om alsnog te kunnen volharden. Ook ik wilde het begrijpen en het antwoord ergens anders vinden. Omdat ik aan mezelf twijfelde.

De focus die al die jaren op mijn moeder lag, heb ik moeten verleggen naar mezelf. Die jarenlange ontkenning deed pijn en daar moest ik doorheen. Ik vond mezelf niet goed genoeg, niet waardevol omdat ik die eigenwaarde niet heb meegekregen van thuis. Maar ik groeide, van niks naar zelfwaarde. Ik ben boven hen uit gegroeid. Het was een noodzaak te breken met mijn familie omdat zij niet overeenkwamen met de normen en waarden die ik voor mezelf heb gecreëerd. Ze strookten niet meer met mijn intrinsieke waarden en dus moest ik ze wel opgeven. Ik kreeg als label 'de sterke', terwijl ik in enorme onzekerheid vertoefde. Hoezeer ik ook heb getracht de band aan te houden, het vol te houden, het opgeven van mijn familie was nodig om mezelf verder te kunnen ontwikkelen en te beschermen. Ik was bijvoorbeeld nog nooit boos geworden, omdat die ruimte er niet was. Ik heb contact kunnen maken met mijn innerlijke vuur dat al die jaren in me zat, maar dat ik telkens zelf doofde.

Ik voel nog altijd verdriet. Met de jaren leerde ik verlangen naar verbinding, genegenheid, zorg, steun, elkaar een goed gevoel geven en dit vind ik nu bij vrienden en bij mijn eigen gezin. Ik heb afstand genomen van degenen van wie ik het niet heb gekregen.

Mijn huwelijk vorig jaar was een dag van liefde en de kroon op al het werk aan mijn ontwikkeling. Dit huwelijk had nooit kunnen plaatsvinden vóór de breuk met mijn familie. Het werd koud in mijn hart. Ik heb de navelstreng moeten doorknippen om me opnieuw te kunnen verbinden en warmte te voelen. En dat is gelukt. Ik voel geen leegte meer.

'It's ok to feel sad after making the right decision.'

—

Lauren Zoeller

Instagram

SPIJT

Een vriendin die ook wel eens durft op te geven, zei me dat 'kiezen altijd winnen' is. Edith Piaf zingt dan weer 'Je ne regrette rien'. En hoewel we die zin graag allemaal gretig meezingen, weten we dat het een utopie is. We hebben allemaal wel ergens spijt van. Spijt kan toeslaan in de zin van 'wat als'. Angst voor spijt achteraf kan de keuze om iets op te geven beïnvloeden. Angst voor het verlies, voor wat we niet kiezen. Omdat we de meeste spijt hebben van de weg die we niet zijn ingeslagen.

Wat als ik dat wel had kunnen doen?

Wat als ik de kans had gehad een andere keuze te maken?

Wat als ik een grotere mond had opgezet tegen mijn ouders en wel voor die studierichting had gekozen?

Wat als ik wel was weggegaan?

Of in mijn geval: wat als ik wel verder had gewandeld?

In elke omstandigheid, elke fase en elk levensjaar zijn er wel keren waarop je een andere weg had kunnen inslaan en dus spijt hebt van wat niet is gebeurd. Omdat de weg niet bewandeld is. Bij mij letterlijk.

Maar sommige keuzes maak je niet zelf. Wanneer je het niet zelf in de hand had en een keuze voor jou werd gemaakt, door je ouders of anderen. Of omdat je afhankelijk was van het handelen van anderen, een cultuur, de maatschappelijke agenda, sterfelijkheid, het lot. De gebeurtenissen waar jij geen of weinig invloed op had, zijn een spijtig soort verdriet dat je moet leren verdragen en waarover je moet rouwen.

Het is een ander soort verdragen als het wel jouw verantwoordelijkheid was. Als jij zelf hebt gekozen om weg te gaan, iets niet voort te zetten, iets te stoppen, van richting te veranderen, op welk vlak dan ook. Het gevoel van persoonlijke verantwoordelijkheid is belangrijk bij het ervaren van spijt. Omdat je iemand pijn hebt gedaan met die keuze, jezelf of een ander. Je hebt verkeerde verwachtingen gekweekt, de ander is beschadigd of is het slachtoffer geworden. Je hebt het gevoel iets te hebben gedaan wat vermeden kon worden. 'Als ik in dit huwelijk was gebleven, waren mijn man en kinderen gelukkig geweest. En had niemand zich moeten aanpassen.' Schuld en wroeging lopen hoog op.

Het is gemakkelijker als iets stopt door het lot dan als je zelf kiest om ergens mee te stoppen of iets op te geven. Afhankelijk van de omvang van de invloed van je keuze kunnen er schuldgevoelens bij komen kijken. Je verwijt jezelf dat je zo hebt gehandeld. Dat je wel of juist geen actie hebt ondernomen. Als je wel actie hebt ondernomen, is dat eindig en wordt het minder als je er achteraf op terugkijkt. Je zoekt bij die actie namelijk ook naar een lichtpuntje om het te rechtvaardigen. Je probeert spijt te herbenoemen in positieve termen. Daniel Gilbert, hoogleraar psychologie, noemt dat het psychologische immuunsysteem. Maar wanneer je geen actie ondernam, kun je een open einde minder aan. Omdat je je altijd blijft afvragen hoe het geweest had kunnen zijn. Of wat je hebt gemist. Kijk maar naar de uitspraak 'fomo: fear of missing out'. Alleen weet je niet wat je mist. Je zou op voorhand willen weten en beleven wat het geweest zou zijn, om dan te kiezen. Achteraf weet je alles van tevoren. Spijt over niks doen, of niet verder gaan, is moeilijk te herbenoemen omdat de tijd verstrijkt en je je niet helemaal meer kunt herinneren waarom je toen geen actie hebt ondernomen.

Spijt is een universele maar gecompliceerde emotie die in alle maten en gewichten bestaat. Een gemiste kans, tijd verspild, een impulsieve beslissing, niet goed voorbereid, niet doorgezet. Waar we het meest spijt van hebben, is in volgorde van grootte: opleiding, carrière, liefde, ouderschap, jezelf verbeteren, ontspanning, financiën, gezin, gezondheid, vrienden, spiritualiteit en gemeenschap.

Maar gedane zaken nemen geen keer en in spijt blijven hangen brengt je niks positiefs. Dan ga je piekeren. Probeer ervan te leren en in de toekomst niet dezelfde fout te maken. Wees niet te streng voor jezelf. Niet alles in het leven gaat zoals gepland.

En ik denk op dat vlak stoïcijns: bereid je voor op het ergste door te weten wat wel en wat niet binnen je macht ligt.

Ook hier is zelfkennis weer zeer belangrijk. Zelfkennis weerhoudt ons van over- en onderschatting. Weten wat je wilt en wat je niet wilt, kun je bereiken door uit te proberen en risico's te nemen. En door af en toe eens te mislukken kom je te weten of het iets voor jou is of niet en dan zul je dat in de toekomst alvast niet meer doen, of in ieder geval niet op die manier. Je kunt beter afwegen, waarderen en de verantwoordelijkheid voor jezelf en anderen nemen.
Uit hebzucht, domheid, hoogmoed, ongeduld of koppigheid kun je de grootste fouten maken waar je later spijt van hebt. Hoe meer zelfkennis, hoe minder deze fouten je in de weg zullen zitten.

Ik weet heel goed dat wanneer ik een impulsieve beslissing neem, dat nooit goed uitkomt. Bij het opruimen bijvoorbeeld heb ik al heel goed geleerd eerst even de dingen te ordenen en te laten liggen voordat ik besluit om het al dan niet weg te gooien. Dat geldt ook bij grote keuzes. Ik weeg af. Mijn buik vertelt me iets, ik leg het in de rationele weegschaal, ik kijk wat de eventuele uitkomsten van beide opties kunnen zijn en daarna beslis ik. Als de uitkomst van mijn keuze niet zo geweldig is, heb ik alvast

geen spijt dat ik er niet over heb nagedacht, kan ik anticiperen en zijn de gevolgen draaglijker.
Spijt kan vervagen, maar soms blijf je je hele leven gehavend en blijft spijt als een monster onder je bed leven. Als je je niet kunt verzoenen met hoe iets is gelopen, bedenk dan dit: had jij die verantwoordelijkheid op dat moment wel? Was die keuze gewoon de beste van allerlei slechte opties? En is het niet gewoon een kwestie van tijd? Je kunt je dingen niet blijven afvragen en blijven wachten. Als iets niet strookt met je normen en waarden, als het je geluk in de weg staat, dan moet je springen. Denk goed na, weeg af en beslis.

'Had ik niet toch…' Je weet het niet. In het heden is de toekomst onbekend en uit het verleden kun je leren. Heb je echt spijt, dan kun je in sommige gevallen nog altijd opnieuw beslissen. En zoals mijn jeugdevenbeeld Joey Potter het wijselijk verwoordt in *Dawson's Creek*: 'Er is geen goed of fout, er zijn alleen gevolgen van je daden.'

'Ons bewust zijn van onze feilbaarheid is
al een eerste stap naar onze kennis.'

—

Stefaan van Brabandt

Winteruur

NAWOORD

Kennis is het begin van alle wijsheid. Of wat de oude Grieken duizend jaar geleden als antwoord kregen wanneer zij het orakel van Delphi vroegen of ze door moesten gaan of van koers moesten veranderen: 'Ken uzelf.'
Alleen ontbreekt die zelfkennis wanneer je net ter wereld komt. Dan moet je roeien met wat je wordt aangereikt om je koers te varen. En later met wat je onderweg hebt ervaren. Zoals een blind geworden man die moet zien met zijn herinneringen.
We dromen van dingen, stellen doelen, we hopen en verwachten. Maar we veranderen, we groeien op, onze dromen groeien, onze doelen veranderen. Kortom, onze blauwdruk is niet meer dezelfde.
Daarom moeten we dat initiële beeld durven aan te passen, kijken of onze verwachtingen en die van de ander wel realistisch zijn en ze bijstellen, onze labels van ons afschudden, binnen in onszelf en naar onze geschiedenis durven te kijken om te weten wat de invloed is van ons gedrag. Want hechting en bijbehorende emoties zoals spijt, schaamte, schuld, twijfel en onzekerheid zullen redenen zijn om bij het oude vertrouwde te blijven, en ons te laten volharden om aan de verwachtingen van die vastgeroeste of nieuwe doelen te voldoen. We kunnen pas weloverwogen opgeven wanneer onze doelen intrinsiek zijn en passen bij wie we zijn.

Maar het menselijke brein zal neigen naar volharden, ongeacht wat ons gelukkig maakt. Daarom moeten we die grijze massa voeden met kennis: emotionele kennis over wie we zijn, wie we waren en wat we willen bereiken. De kunde meegeven om dicht bij ons buikgevoel te blijven en aan te voelen wanneer opgeven terecht is, om verandering te aanvaarden, dingen los te laten, te herzien, om te keren, opnieuw te beginnen, te herplannen, op onze stappen terug te keren en weloverwogen op te geven.

Het heeft me bloed, zweet en tranen gekost, maar het is me gelukt. Ik heb opgegeven. Weloverwogen. Ik heb naar mijn intrinsieke wensen geluisterd. *The Camino provides*, het brengt wat je nodig hebt. Misschien is dat wel de beDOELing geweest van mijn trip. Kunnen opgeven voordat iets klaar is. Niet de eindmeet, maar geluk is tenslotte het enige doel dat we allemaal zouden moeten najagen. We hebben één leven op deze kleine planeet. Dus waarom vasthouden aan iets waar we de noodzaak niet (meer) van inzien?

Het feit dat we het risico hebben genomen om op te geven en niet hopeloos vast te houden, moeten we leren zien als een positieve kracht die ons in veel gevallen net verder brengt. Zo krijgt opgeven een heel andere betekenis.

Want nee, opgeven is niet falen, is geen zwakte, is niet zomaar opstaan en vertrekken, iets of iemand de rug toekeren en niet meer omkijken. Als het weloverwogen gebeurt, vraagt het moed en tijd, maar brengt het je uiteindelijk ruimte, zelfontplooiing en ontwikkeling. En is niet doorzetten maar juist opgeven de sleutel tot werkelijk succes in deze prestatiegerichte maatschappij.

Begrijp me na dit alles niet verkeerd, doorzetten is wel degelijk goed, maar soms is opgeven beter.

Dus laten we het stigma doorbreken en…

Geef (weloverwogen) op!
Laat de dromen los die niet de jouwe zijn.
Stop met dingen doen omdat ze een gewoonte zijn of zogenaamd zo horen.
Ga niet door met het najagen van doelen die je diep-ongelukkig maken.
Herzie vriendschappen die je te veel energie kosten of die andere verwachtingen hebben.
Neem afstand van familieleden die niet willen dat je groeit.
Stap uit die overvolle trein als het beter voelt om van spoor te wisselen of gewoon even uit te stappen en op het perron te wachten.
Stop met je waardevolle weinige tijd die je is toebedeeld in dit leven te besteden aan dingen die er geen waarde aan toevoegen.
Stop met vergelijken.
Doe de dingen niet meer waar je goed in bent maar die je eigenlijk niet leuk vindt, zelfs als mensen zeggen dat je niet mag opgeven omdat je er nu eenmaal goed in bent.
Geef je verwachtingen op.
Geef de verwachting van anderen op.
Wees klaar met piekeren over wat anderen van je zouden kunnen denken.
Stop met je omringen met negativiteit.

Verander van gedachte als een idee of principe niet meer hoort bij wie je nu bent.
Gooi het roer om en maak die carrièreswitch.
Keer op je stappen terug en gun jezelf de ruimte om opnieuw te beslissen.
Herevalueer.
Herplan.
En ga verder met wat of wie jou vervult, gelukkig maakt en voldoening geeft.

Met andere woorden… Volg je hart.

TWEE WEKEN LATER

Antwerpen

Ik ben nu een paar weken thuis en ik kan niet verder van de Camino verwijderd zijn. Zij die met me meestapten, zijn al op plaatsen die voor mij onbekend zijn. Zij zijn naar hun gevoel al maanden van huis. Ik heb geen spijt van mijn besluit. Ik heb tijd nodig om iets helder te zien. Elke dag denk ik aan de etappe die ik zou hebben afgelegd, maar ook aan de bijbehorende struggles. Ik heb intussen meer tijd gespendeerd thuis en met de mensen die me dierbaar zijn. Ik ben voor velen nog altijd onderweg en geniet van de onbereikbaarheid, ik ben hier aan het vertragen en dat is uiteindelijk wat ik wilde. Daarvoor hoef ik echt niet de kathedraal van Santiago de Compostella te bereiken. Althans, nu niet.

Ik zie mijn wandelstokken in de hoek van het washok staan. Nooit gedacht dat zij mijn redders in nood zouden zijn bij het klimmen en dalen op hellingen. Ik vraag me sindsdien af hoe mensen zonder ze wandelen. Bij de volgende wandeltrip gaan deze blauwe vrienden met me mee. Want ooit, op een beter moment, maak ik de wandeling af. Of niet. Want me bedenken mag. Maar als ik vertrek, zal dat met de nodige rust zijn, met minder verwachtingen en met andere doelen in mijn rugzak. De weg gaat niet weg en ik ga mijn weg, net zoals het leven.

Sartre en De Beauvoir hebben samen wandelend half Europa doorkruist. Er zijn verkeerde afslagen en plekken waar je niet had moeten komen, net zoals er in het leven allerlei mislukkingen zijn. Er zijn allerlei soorten reizen: om je kennis te vergroten, avonturen te beleven, zaken te doen en plezier te hebben. De romantische reiziger komt nooit aan: het ware leven is altijd elders. Maar er zijn ook heel andere, min of meer gedwongen reizen: verdreven worden en moeten vluchten, op straffe van de dood je wortels verlaten en op zoek gaan naar asiel. Er is een reisverhaal en een levensverhaal. De reis en het leven doen allebei iets met je: ze zijn vormend of misvormend. In beide gevallen ga je op weg, je doet ervaringen op en beleeft allerlei avonturen, je bereikt of mist je bestemming en komt gelouterd of gedesillusioneerd weer thuis. Hoe dan ook blijft de vraag: 'Waarom reis je?' Oftewel: 'Waarvoor en/of voor wie leef je?'

–

Joep Dohmen

Iemand zijn

DANKWOORD

Eerst en vooral wil ik mijn familie en vrienden bedanken, die elke keer mee van richting veranderen.
Mijn beste vriendin, die aanvoelt wanneer ik niet gelukkig ben, ook wanneer ik honderden kilometers van haar verwijderd ben.
Zij die op een of andere manier weloverwogen hebben durven opgeven. Bedankt voor jullie tijd en vertrouwen.
Barbara Ceuleers, mijn creatieve klankbord, voor je open visie.
Klaartje De Buck, die mijn woorden zo kleurrijk en creatief inkleurt.
Selina De Maeyer, die jaar na jaar mijn veranderende karakter in beeld brengt.
Uitgeverij Horizon, die nooit verrast is wanneer ik me heb bedacht en dan toch met een manuscript op de proppen kom.
Thanks to Matt, Heath & Jacks for taking me along the way and not expecting anything.
En mijn allerbeste, allerliefste, allerbegripvolste man.
Laten we samen verder veranderen, ons bedenken, een ander pad bewandelen… wanneer we dat voelen.
Jou geef ik nooit op.

'Durven is even je evenwicht verliezen,
niet durven is jezelf verliezen.'

–

Søren Kierkegaard

BIBLIOGRAFIE

Allen, David, *Getting things done: the art of stress-free productivity*, Boston, 2019

Azaldin, Medina, 'Emma Watson makes her directorial debut with Prada', in *Harper's Bazaar*, https://www.harpers-bazaar.com/uk/beauty/a40965409/emma-watson-prada-campaign/, 23 augustus 2022

Bernstein, Alan en Streep, Peg, *Weten wanneer je moet stoppen*, Amsterdam, 2014

Bloem, J.C., 'Aanvaarding', in *Sintels*, Den Haag, 1945

Bosmans, Giel, 'Rutten (Open VLD) reageert op kritiek over carrièreswitch: "Had ook 4 weken vakantie kunnen nemen, maar ik kies om te werken"', in VRT, https://www.vrt.be/vrtnws/nl/2024/08/05/gwendolyn-rutten-verdedigt-de-ochtend/, 5 augustus 2024

Camus, Albert, *Le mythe de Sisyphe*, Parijs, 1942

'Capeside Revisited', in *Dawson's Creek*, 24 oktober 2001

Craeynest, Pol, *Sociale psychologie: een inleiding*, Leuven, 2016

Craeynest, Pol, *Psychologie van de levensloop: inleiding in de ontwikkelingspsychologie*, Leuven, 2018

De 44 beste gedichten van de Herman de Coninckprijs 2024, Gent, 2024

De Morgen, 'Scheiden of blijven: "wanneer weet je dat het op is?"', in *Wat is er mis met mij?*, https://www.demorgen.be/podcasts/scheiden-of-blijven-niet-kiezen-is-ook-kiezen-volgens-relatietherapeut-chloe-de-bie~b7c296f2/, 11 juli 2024

Dendievel, Leen, *Asem*, Antwerpen, 2018

Dendievel, Leen, *Brief aan mijn kind*, Antwerpen, 2021

Dendievel, Leen, *Hard*, Antwerpen, 2016

Desmet, Marc en Grommen, Ria, *Moe van te moeten kiezen: op zoek naar een spiritualiteit van de zelfbeschikking*, Tielt, 2005

Dohmen, Joep, *Iemand zijn: filosofie van de persoonlijke vorming*, Amsterdam, 2022

Goorden, Lieve, *De essentie van Arendt*, Leusden, 2020

'Grey's Anatomy – S20E10 – Burn it down | Transcript', in *Scraps from the Loft*, https://scrapsfromtheloft.com/tv-series/greys-anatomy-s20e10-burn-it-down-transcript/, 31 mei 2024

'Hill of Forgiveness', in *Walk the Camino*, https://walkthe-camino.com/hill-of-forgiveness/, 5 juni 2024

Housel, Morgan, *De psychologie van geld: tijdloze lessen over rijkdom, hebzucht en geluk*, Utrecht, 2022

Ivkovic, Ivana, 'Rudi Laermans: "Simmel is geïnteresseerd in de mens achter het geld"', in *Filosofie Magazine*, https://www.filosofie.nl/simmel-is-geinteresseerd-in-de-mens-achter-het-geld/#:~:text=In%201900%20schreef%20hij%20zijn,en%20de%20moderne%20mens%20vormgeeft, 25 februari 2022

Kamerling, Merlijn, *Nu ik je zie*, Amsterdam, 2020

Komrij, Gerrit, *Humeuren en temperamenten: een encyclopedie van het gevoel*, Amsterdam, 2010

Kramer vs. Kramer, s.l., 1979

Luijk, Noortje, 'Het krabbenmand effect: waarom vrouwen elkaar klein houden', in *Women's Health*, https://www.womenshealthmag.com/nl/psyche/a43396519/krabbenmand-effect-waarom-vrouwen-elkaar-klein-houden/, 27 maart 2023

Meijer, Eva, 'Blijk ik dus een boom te zijn', in *Het witste woord*, Amsterdam, 2023

Metz, Melanie, 'Waarom dringen we alcohol op aan andere mensen?', in *Quest*, https://www.quest.nl/mens/psychologie/a33272325/waarom-dringen-we-alcohol-op-aan-andere-mensen/, 13 juli 2020

'Opgeven', in *Van Dale online*, https://www.vandale.nl/gratis-woordenboek/nederlands/betekenis/opgeven

Picabia, Francis, *La pomme de pins*, Saint-Raphaël, 1922

Pruis, Marja, 'Ons veranderlijke zelf', in *De Groene Amsterdammer*, https://www.groene.nl/artikel/of-blijf-je-je-hele-leven-wie-je-denkt-te-zijn, 1 februari 2023

Roekel, Ilse van, 'Bijzonder: zonder déze 7 organen kun je nog prima leven', in *Margriet*, https://www.margriet.nl/gezondheid/zeven-organen-missen~bf4aaafd/?referrer=https://www.google.com/, 20 februari 2021

'Schaamte', in *Wiktionary*, https://nl.wiktionary.org/wiki/schaamte

Schopenhauer, Arthur, *De wereld als wil en voorstelling*, Leipzig, 1819/1844

Son, Niek van, 'Het Zeigarnik effect: definitie, voorbeelden en praktische tips', in *Tasmanic*, https://www.tasmanic.nl/blog/zeigarnik-effect/#:~:text=Het%20Zeigarnik%20effect%20omschrijft%20de,onthoudt%20of%20meer%20details%20herinnert, 6 oktober 2023

Steyaert, Katrien, 'Anniek Gavriilakis ontwerpt rituelen: "Ik mag schoonheid en troost brengen"', in *Knack Weekend*, 19 juni 2024

'The pilot', in *Friends*, seizoen 1, 1994

VRT, 'Paula, de vrouw die er altijd bij was', in *Iemand*, https://www.vrt.be/vrtmax/podcasts/radio-1/i/iemand/2/-10---paula--de-vrouw-die-er-altijd-bij-was/, 24 november 2016

VRT, 'Stefaan van Brabandt', in *Winteruur*, https://www.vrt.be/vrtmax/podcasts/vrt-canvas/w/winteruur/9/stefaan-van-brabandt/, 11 maart 2024

'Wie is Kristen Faulkner, de durfkapitaliste die haar goedbetaalde job in de VS opgaf om profrenster te worden?', in *Sporza*, https://sporza.be/nl/2022/06/21/wie-is-kristen-faulkner-de-durfkapitaliste-die-haar-goedbetaalde-job-in-de-vs-opgaf-om-profrenster-te-worden~1655832875537/, 22 juni 2022

Zoeller, Lauren, '@laurenzoeller', op Instagram, https://www.instagram.com/laurenzoeller/, s.a.

Auteursfoto: Selina De Maeyer
Omslagbeeld: Brock Davis, uit de reeks *Make something cool everyday*, 2009
Illustratie p. 96-97: Leen Dendievel
Vormgeving en illustraties: Klaartje De Buck, Letterwerf

ISBN 978 94 641 0573 5
ISBN 978 94 641 0574 2 (e-book)
D/2025/13.656/5
NUR 770

www.horizon.be
www.overamstel.com

Eerste druk februari 2025
Tweede druk februari 2025

OVERAMSTEL
uitgevers

Horizon is een imprint van Overamstel uitgevers bv

Vertegenwoordiging in Vlaanderen
Overamstel Uitgevers België
Leopold De Waelstraat 17A
2000 Antwerpen

Vertegenwoordiging in Nederland
Overamstel Uitgevers
Paul van Vlissingenstraat 18
1096 BK Amsterdam